AF476484

RAPPORT

SUR LES

ÉPIDÉMIES

QUI ONT RÉGNÉ A COMMERCY ET AUX ENVIRONS DE CETTE VILLE,
PENDANT LES SIX DERNIERS MOIS DE 1831 ET LES DEUX PREMIERS DE 1832.

RAPPORT

FAIT

A M. LE SOUS-PRÉFET

DU 2.e ARRONDISSEMENT DE LA MEUSE,

SUR LES

ÉPIDÉMIES

QUI ONT RÉGNÉ A COMMERCY ET AUX ENVIRONS DE CETTE VILLE,
PENDANT LES SIX DERNIERS MOIS DE 1831 ET LES DEUX PREMIERS DE 1832;

Par PROSPER-SYLVAIN **DENIS**,

Docteur en Médecine de la Faculté de Paris; Médecin des Épidémies du 2.e Arr. de la Meuse, et Membre de la Commission-sanitaire du même Arr.; Médecin de l'hôpital civil et militaire de Commercy; Chirurgien Aide-Major de la Garde nationale de cette ville; Membre des Sociétés de Pharmacie, de Chimie médicale, Linnéenne et des Sciences physiques et chimiques de Paris; des Sociétés royales des Sciences, Arts et Belles-Lettres de Nancy et de Strasbourg, de celles de Médecine de Caen, d'Évreux et de Metz, d'Émulation d'Épinal et Philomatique de Verdun.

Aujourd'hui que le cholera-morbus *nous menace de sa présence, il n'est pas d'épidémies dont il ne faille publier une relation circonstanciée.* Préf. p. 1.

COMMERCY,

IMPRIMERIE DE CL.-FR. DENIS.

1832.

PRÉFACE.

On sera tenté, sans doute, de me reprocher de n'avoir pas resserré ce rapport dans le cadre étroit que semble devoir comporter le sujet que je traite. En effet, les maladies épidémiques qui nous ont récemment affligés, sont bien connues, et ont été combattues avec succès. Dans un tems où l'Europe n'aurait pas retenti, comme en ce moment, des cris douloureux d'une foule de malades et de mourans, je me serais borné à adresser à l'autorité une notice concise sur ces maladies; il n'y eut eu aucune raison de livrer à l'impression le résultat de recherches qui n'auraient pas intéressé directement mes Compatriotes. Mais, à notre époque, les mots de maladies et de décès volent de bouche en bouche; c'est un devoir pour les médecins d'enregistrer, et de faire connaître exactement tous les événemens médicaux extraordinaires.

Aujourd'hui que le cholera-morbus *nous menace de sa présence, il n'est pas d'épidémies dont il ne faille publier une relation circonstanciée. La con-*

naissance précise des affections qui précèdent l'invasion de ce redoutable fléau est importante à posséder. Leur étude amène à des découvertes sur l'état sanitaire actuel du pays, sur la disposition organique de chaque individu, sur l'idiosyncrasie générale de la population qui éprouve encore nécessairement l'influence de la constitution médicale passée. Si nos épidémies ont frappé les viscères que le cholera *attaque spécialement, n'est-il pas essentiel que tout le monde sache quelle lésion ont subi ces viscères, et quelle doit être la conduite à tenir pour les rétablir dans leur intégrité, ou les y conserver s'ils se sont convenablement fortifiés, et, par là, ôter au* mal asiatique *une des voies qu'il pourrait aisément prendre pour nous atteindre?*

L'air seul, par sa chaleur et par son humidité, n'a pu déterminer le développement de nos épidémies. Leur succession rapide, en quelques mois, dans le canton de Commercy, pendant que les contrées voisines avaient peu de maladies, prouve que des foyers spéciaux d'infection, existaient dans ce canton. Ces sources d'insalubrité ont été découvertes; ce sont elles qui, après avoir donné l'origine à plusieurs des épidémies, favorisèrent leur propagation, augmentèrent la mortalité.... Certes, ces mêmes sources conservent leur funeste influence. et lors de l'arrivée du cholera, *ne verra-t-on pas sous cette influence, celui-ci sévir avec plus de violence qu'il ne le ferait sans elle! Bien pis encore, l'activité des causes de nos épidémies, a été telle qu'elle a occasionné un cas de* cholera sporadique *dont les symptômes eurent beaucoup d'analogie avec l'*asiatique, *cas que je relaterai. Que ces causes, qui sont encore en partie subsistantes, ne soient pas détruites, le* cholera *ne pourra-t-il apparaître spontanément parmi nous!*

Les mesures de police sanitaire prises par l'autorité, atteindront tous les foyers généraux d'infection. Il faut, en même tems, que les particuliers éclairés sur leurs vrais intérêts, cherchent à neutraliser les foyers spéciaux qui sont dans leurs demeures, et qu'il ne dépend que d'eux d'étouffer. Ils y parviendront en recourant, de bonne heure, aux moyens d'assainissement que tous les journaux conseillent par ordre du Gouvernement, et que prescrivent les commissions sanitaires.

Supposons même que le cholera *nous épargne, il se pourrait cette année que nous éprouvassions le retour de plusieurs des épidémies passées naguères. Alors, si l'on a négligé de mettre en pratique les données rationnelles de l'hygiène publique et privée, tirées de l'étude de ces épidémies, leur fléau sera terrible et ses conséquences des plus grâves. L'histoire médicale fourmille de faits qui le démontrent.*

En huit mois, nous avons vu périr le 55.e *de la population de Commercy, par le seul fait des épidémies ; la mortalité a été aussi à-peu-près dans ce rapport aux environs de cette ville. Certes, ce nombre de morts déjà si élevé, deviendra effrayant, si nous laissons, par notre incurie, renaître des maux que nous pouvons empêcher.*

Lorsque les affections épidémiques apparurent parmi nous, et vinrent attaquer la masse de la population justement allarmée, M. PRIEUR DE LA COMBLE, Sous-Préfet de Commercy, me chargea d'étudier à fond les maladies qui éclataient, d'indiquer, dans les campagnes privées de médecins, le traitement convenable selon le genre de maladie, et ensuite de lui rendre compte de ma mission lorsque tout serait rentré dans l'ordre.

Je me suis ainsi trouvé, je l'avoue, dans une position embarrassante et nouvelle pour moi. L'expérience clinique seule ne pouvait plus me guider. Des devoirs nouveaux m'étaient imposés, et allaient exiger de ma part des explorations en dehors de l'exercice ordinaire de l'art de guérir.

En effet, dès qu'un médecin est appelé par l'autorité pour observer une épidémie, il doit entreprendre une série particulière de recherches et se conduire, quel que soit le peu de gravité des maladies, comme si elles devaient acquérir le dernier degré de violence. Je pense qu'alors il doit suivre ce plan pour la direction de ses travaux :

1.° Il faut d'abord qu'il aille à la découverte

des causes de l'affection épidémique qui s'est déclarée, et, à cet effet, qu'il s'attache à posséder parfaitement la topographie et la statistique du pays en proie à ses ravages; qu'il s'instruise des conditions météréologiques particulières à l'année courante dans le lieu où règne le mal; qu'il connaisse les changemens qui ont pu s'introduire dans la qualité des alimens, dans celle des eaux et même dans la vie sociale; qu'il observe si des modifications récentes ont été apportées au sol nu, aux forêts, aux habitations, aux égouts qui s'échappent de celles-ci, au cours des eaux, à leur amas, à l'enfouissement des débris des animaux morts...; toutes circonstances qui, se secondant mutuellement, sont de nature à vicier l'organisation, non seulement de quelques individus, mais aussi de masses entieres de la population d'une contrée étendue.

2.° *Il doit suivre par lui-même, autant qu'il est possible, le développement et la progression du mal, l'action, s'il est permis de s'exprimer ainsi, d'un individu malade sur un sujet sain, l'action d'une maison qui renferme des personnes affectées sur des habitations où tout le monde, d'abord en santé, se trouve ensuite atteint d'une maladie semblable, l'action même d'une commune ravagée sur une commune voisine longtems épargnée, puis enfin en proie à l'affection épidémique: ces travaux, il doit les entreprendre afin de déterminer s'il y* a eu contagion ou non, et de connaître la direction qu'a prise l'épidémie en se propageant.

3.° Il est encore essentiel pour lui de noter exactement toutes les maladies dominantes avant et pendant l'épidémie, pour parvenir plus aisément à dévoiler la nature et l'espèce de l'affection qui la constitue ; car, les affections épidémiques sont d'ordinaire liées aux maladies dominantes.

4.° Pour apprécier l'intensité de ses causes et l'espace sur lequel elles ont agi, il est nécessaire, l'épidémie passée, qu'il sache combien de communes se sont ressenties de ses effets, à quel chiffre s'est élevé le nombre des individus atteints, quelle a été la quantité des sujets qui ont succombé et de ceux qui ont survécu ; il importe qu'il ait des renseignemens certains sur l'époque de la disparition de la maladie aussi bien que sur celle de son apparition, non seulement dans une commune mais dans chaçune d'elles séparément.

5.° Dans l'exposé qu'il doit donner des moyens de traitement et de prophylaxie qui ont eu le plus de succès, il faut qu'il base son opinion, non sur son expérience seule, mais sur celle réunie à la sienne propre, des médecins convenablement placés pour avoir étudié l'épidémie.

6.° La description symptomatique d'une maladie épidémique, l'exposé de sa marche, de sa durée, etc., n'exigent pour être tracés que des recherches *au lit du malade ; ils rentrent dans l'observation purement clinique.*

Je me suis, avant de commencer mes recherches, pénétré des règles de conduite que je viens de rappeler rapidement, et qui me guideront désormais dans tous mes travaux sur les épidémies. J'ai mis mes soins à voir le plus grand nombre de malades que j'ai pu. J'ai multiplié mes voyages dans les campagnes où le mal sévissait. Je suis entré en correspondance avec la plûpart des Maires et avec quelques Desservans des communes de notre arrondissement : je ne puis que me louer du zèle que ces Messieurs ont mis à coopérer à mes recherches. MM. Roussel, *à Gondrecourt*, Dechilly, *à Vaucouleurs*, Lagrange, *à St.-Mihiel*, Manson, *à Sampigny*, Grandjean *et* Maurin, *à Void, sont ceux de mes confrères qui ont bien voulu répondre, le plus complettement, à la demande que j'ai faite aux médecins de l'arrondissement, de me communiquer leurs observations, et qui se sont empressés de me fournir des notes excellentes. Ils retrouveront dans mon rapport les faits qui leur appartiennent, et que j'ai cités sans altération.*

J'ai accompli comme je le devais, j'ose le croire, la mission pénible qui m'a été confiée. Je fonde cette présomption sur la bienveillance dont m'a honoré notre estimable Préfet, M. le comte d'Arros. *Ce premier Magistrat de la Meuse m'a nommé, en témoignage de sa sasisfaction,* Médecin des épidémies du 2.ᵉ arrondissement. *Qu'il agrée ici l'expression de ma gratitude. Mes Compatriotes, comme l'autorité, peuvent compter que je m'efforcerai toujours de me rendre digne, dans l'exercice de cette nouvelle fonction, et de la confiance du public et de celle de l'administration.*

RAPPORT

SUR LES

ÉPIDÉMIES

QUI ONT RÉGNÉ A COMMERCY ET AUX ENVIRONS DE CETTE VILLE, PENDANT LES SIX DERNIERS MOIS DE 1831 ET LES DEUX PREMIERS DE 1832.

Les maladies qui font le sujet de ce rapport ne se sont pas montrées isolément dans le canton de Commercy; elles ont régné avec une intensité variée selon les localités, dans une partie de la France, et surtout dans les départemens de sa frontière nord-est. Mais, je ne pense pas qu'aucune autre ville, même au loin, ait éprouvé comme la nôtre, en aussi peu de mois, les coups d'autant d'affections diverses. Elles ne se sont pas succédées, cependant elles ont affecté un certain ordre dans leur développement, de manière que l'une commençant à cesser une autre reparaissait. Commercy a été spécialement atteint; des communes très-voisines ont échappé, les unes à une épidémie, d'autres à deux.

La *diarrhée*, la *dyssenterie*, la *rougeole* et la *grippe*, apparurent dans notre canton, les unes plus tôt, les autres plus tard, de juillet 1831 à mars 1832.

En outre, il y a eu des maladies dominantes très-prononcées et essentiellement liées aux deux premières épidémies. Bien qu'offrant des symptômes différens, ces maladies furent de même nature, comme elles eurent même origine. J'en traiterai d'abord.

J'aurais pu suivre les épidémies dans une grande étendue de pays et faire leur histoire plus complette; mais *qui trop entreprend, mal étreint;* je ne m'attacherai qu'à ce que j'ai observé dans la ville et les lieux qui l'avoisinent, circonscription territoriale dont je vais donner une notice topographique et statistique abrégée.

Notre canton occupe un espace de quelques lieues carrées dans la partie sud-est du département de la Meuse. Presque partout il est recouvert de coteaux d'une moyenne hauteur, la plûpart boisés et représentant des chaînes de collines séparées soit par de simples vallons, soit par des plaines où serpentent une foule de ruisseaux d'eaux vives. La Meuse le traverse du sud au nord-ouest. On y voit un grand nombre de communes très-rapprochées les unes des autres, situées presque toutes d'une manière pittoresque; leur population est en général assez élevée, ce qui prouve que le pays produit beaucoup. En effet, les foins de nos prairies sont excellens et d'ordinaire récoltés en grande quantité; on renomme nos blés, ceux de la Wœvre principalement; les bois de chauffage et de construction abondent dans nos immenses forêts ; nous cultivons avec succès la vigne, l'orge, le chanvre, les divers légumes, les plantes oléagineuses.

Comme la propriété est ici très-divisée, la fort grande majorité de la population possède, peu à la vérité, assez cependant pour vivre du produit de ses champs. Il en résulte une sobriété extrême et une alimentation grossière pour le grand nombre ; mais aussi l'état moral en est meilleur, la constitution physique plus robuste et le concours pour l'ordre plus parfait. L'industrie s'est, depuis un quart de siècle, beaucoup accrue dans notre pays, malgré trop peu de débouchés pour le commerce. La propreté dans le ménage et dans les vêtemens, autrefois étrangère à nos campagnes, commence à s'y faire remarquer. Tout ce qui contribue aux agrémens de la vie, à la conservation de la santé, n'en est plus repoussé comme innovation ridicule. Les progrès de l'enseignement primaire, ont donné au peuple les lumières indispensables aux rapports sociaux, et l'ont tiré de l'abrutissement dans lequel il était autrefois plongé.

On conçoit que dans une telle contrée, et avec le degré de civilisation que l'on y remarque, l'homme soit content de son sort, qu'il vive de longues années, qu'il soit sain, robuste, peu impressionnable aux intempéries, et qu'il n'éprouve que rarement les effets de ces maladies fruits d'un sol mal sain, de la barbarie des mœurs ou d'une civilisation très-avancée. L'humidité du printems et de l'automne, produite annuellement par les débordemens de la Meuse qui ont lieu dans ces saisons, occasionnent cependant dans notre pays une endémie caractérisée par une fièvre tierce, mais fort bénigne et facile à guérir. On y a vu, et ce n'est point une spécialité au territoire, il y a quelques années, des *maux de gorge épidémiques*. Le *croup*, de tems en tems vient, ainsi que la *rougeole* et la *scarlatine*, attaquer les enfans. La *petite-vérole*, se jouant des comités de vaccine qui semblent ne plus exister que de nom, y exerce souvent, comme partout ailleurs, ses ravages. Je ne sache pas que depuis longtems d'autres maladies soient venues frapper la masse de la population.

Il faut néanmoins avouer que les personnes qui ont habité les contrées méridionales de la France, quand elles séjournent parmi nous, se plaignent de l'humidité froide qui règne avant et après l'hiver, des pluies fréquentes, de la variation brusque de la température, des brouillards dus à la Meuse, des changemens subits des vents modifiés ainsi par les coteaux. Mais le sol n'exhale point d'ordinaire d'émanations mal saines, les forêts qui dominent le pays purifient l'air, font naître des sources excellentes, la végétation est vigoureuse et ses produits d'une qualité supérieure; aussi, les alimens tant animaux que provenant de la terre et de l'eau sont très-estimés.

Au centre de ce pays se trouve *Commercy* bâti sur

le côté ouest du bassin de la Meuse, à cet endroit assez large et profond. La population de cette ville est de 3622 habitans. Cette population est augmentée par celle de la garnison qui est toujours composée de cavalerie. La Meuse coule au nord-est et à quelque distance de la ville; celle-ci en reçoit un canal qui passe sous ses murs, sans y entrer. Bien qu'appartenant à une vallée profonde, le sol de Commercy est assez élevé pour que les vents renouvellent l'air à sa surface, et qu'il soit à l'abri des inondations annuelles de la rivière. Il est de nature calcaire et fort poreux; aussi, il absorbe aisément les eaux qui s'y répandent. Notons cependant que plusieurs des rues de la ville ont trop peu de pente, ce qui gêne l'écoulement des eaux pluviales et ménagères; il en résulte que le pavé et les égoûts n'ont pu être tous disposés de manière à leur donner un cours facile. Un ruisseau limpide traverse la ville qui, en outre, est arrosée par dix fontaines. A l'exception du faubourg appelé *Breuil*, du *Val-des-Prés*, du *Trou St.-Patrice*, de la *Cour Barbotte* et de la *rue des Capucins*, habités par des cultivateurs et la classe ouvrière, les rues sont belles, les maisons assez bien construites. Trois places très-vastes, dont deux sont plantées de tilleuls, et quelques jardins dans le centre de Commercy, augmentent la masse d'air qui y circule.

A l'E.-N.-E., on voit une prairie très-étendue, fort unie et sans marécage, où la Meuse passe en décrivant des sinuosités. Au-delà de la prairie, on remarque *Vignot*, gros village de 830 habitans, à 1/4 de lieue de Commercy. Plus loin et sur les côtés sont d'abord des terres en culture, puis une chaîne de collines ornées de vignes, couronnées de forêts, et faisant partie de la série des coteaux qui bordent le bassin de la Meuse à la droite de cette rivière. Derrière les coteaux, commence l'immense plaine de la Wœvre étendue jusqu'à Pont-à-Mousson, Toul, Nancy. A la descente des coteaux qui dominent la Wœvre, sont successivement du Sud au Nord, *Jouys-sous-les-Côtes*, *Gironville*, *Frémeréville*, *Girauvoisin*, *St.-Julien*, et vers l'Est *Raulecourt*, *Broussey*, *Bouconville*.....

Du côté opposé de la ville, au sud-ouest, le terrein s'élève insensiblement pour rejoindre la chaîne des collines qui bordent le côté gauche du bassin de la Meuse. De vastes et belles forêts couvrent leurs sommets. A une lieue de la ville, au centre de ces forêts, est une vallée très-profonde et humide où l'on voit le petit village de *Chonville* et plus loin *St.-Aubin* etc. Entre Commercy et les forêts sont des terres en culture.

Au nord-ouest et au sud-est de la ville, existent deux échappées entre les côteaux qui environnent le bassin de la Meuse. C'est par là que la prairie de Commercy communique avec celles qui accompagnent la rivière. Sur le bord de cette prairie, se trouvent successivement, en partant du nord-ouest de la ville, d'abord une usine, appelée *forge de Commercy*; puis, à une petite lieue, *Lérouville*, *Pont-sur-Meuse*, *Boncourt* etc.; à pareille distance, au sud-est, *Euville*, *Aulnois*, *Vertuzey*, *Ville-Issey*, et plus loin, au sud, *Sorcy*, *Void*.....

Le tableau que je viens d'esquisser n'est guères celui d'un pays favorable à l'invasion de plusieurs épidémies successives; il a donc dû se rencontrer dans les conditions de son atmosphère, dans ses eaux, dans la disposition de la surface de son sol, dans la qualité des alimens des habitans, dans leur état social même, pendant l'an passé et cette année, quelque dérangement extraordinaire qui a occasionné nos épidémies. C'est conséquemment dans des circonstances spéciales à l'air, aux eaux etc., circonstances survenues un peu avant et pendant les épidémies, que nous devons trouver l'origine de ces dernières. Nous établirons ainsi la *Constitution médicale* de l'année.

1.° *État atmosphérique depuis Janvier* 1831 *jusqu'en Mars* 1832. (Les degrés thermométriques donnent la chaleur du milieu du jour).

Janvier 1831. 4 jours de brouillard, 7 de pluie et 5 de neige. Les vents S.-S.-O. et S.-E. ont soufflé 11 j.; les vents N.-N.-E., N.-O. ont dominé les autres j. Il y a eu 22 j. de gelée; le th. a varié de —8 (Réaumur) à +8. Le mercure du baromètre (ancien) s'est élevé de 27 p. 3 l. à 28 p. 10 l. Il y a eu une aurore boréale.

Février. 5 j. de brouillard; 12 de pluie, 7 de neige. Pendant 20 j. S.-S.-O., O., les autres j. N. et E. Température de 0 à + 11. Cependant peu de gelées. Baromètre de 27 p. 3 l. à 28 p. 3 l.

Mars. 6 j. de rosées, 5 de brouillard, 21 de pluie, 2 de neige. Vent O. pendant 10 j., S.-O. 4 j., N.-O. 6 j., S. et S.-E. 3 j., le reste N. et E. Le Therm. a varié de + 1 à + 14; quelques gelées la nuit, mais le tems a été doux tout le mois et chaud à la fin. Barom. de 27 p. 1 l. à 27 p. 10 l.

Avril. 4 j. de rosée, 2 j. de tonnerre, 12 de pluie. Le vent souffla 17 j. du S.-E. et S.-O., 7 j. E. et N.-E., et 6 j. N. Fortes chaleurs tout le mois. Th. de + 8 à + 19. Il y a eu deux jours orageux. Barom. de 27 p. 1 l. à 27 p. 9 l.

Mai. 2 j. de brouillard, 6 j. orageux, 6 j. de rosées, 12 j. de pluie, 1 j. de neige. Vent S.-E. et S.-O., 13 j.; O. et N.-O., 3 j.; E. et N.-E., 13 j. Therm. de + 5 à + 20. Fortes chaleurs tout le mois, cependant neige le 7 et gelée le 15. Baromètre de 27 p. 3 l. à 27 p. 10 l.

Juin. 8 j. orageux, 7 de rosée, 17 de pluie. 16 j. de vent S.-O., 1 j. de S.-E., 7 j. de N.-O., 5 j. N. et E. Therm. de + 12 à + 22. Très-fortes chaleurs tout le mois. Barom. de 27 p. 3 l. à 27 p. 9 l.

Juillet. 6 j. orageux, 6 j. de rosée, 13 j. de pluie. Les vents ont soufflé 16 j. du S.-O.; 5 j. du S.-S.-E.; 2 j. du N.-O; 7 N. et N.-E. Therm. de + 12 à + 25. Très-fortes chaleurs tout le mois. Barom. de 27 p. 3 l. à 27 p. 9 l.

Août. 6 j. orageux, 2 j. de brouillard, 15 j. de rosée, 11 j. de pluie. Vents S.-O., 7 j.; N.-O., 4 j.; S.-E., 5 j.; N. et E., 14 j. Therm. de + 13 à + 24. Température élevée tout le mois. Barom. de 27 p. 2 l. à 27 p. 9 l.

Septembre. 1 j. orageux, 3 j. de brouillard, 11 j. de rosée, 9 j. de pluie. Vents S. et S.-O., 8 j.; S.-E., 4 j.; N.-O., 7 j.; N. et E., 12 j. Le vent d'Est a dominé à la fin du mois. Therm. de + 12 à + 22. Les jours très-chauds, les nuits froides, même deux gelées les nuits des 16 et 17. Bar. de 27 p. 3 l. à 28 p. 0 l.

Octobre. 7 j. de brouillard, 12 j. de rosée, 7 j. de pluie. Vents S. et S.-O., 13 j.; O. et N.-O., 4 j.; S.-E., 10 j.; N. et E., 4 j. Th. de + 10 à + 17. Jours chauds, nuits froides. Bar. de 27 p. 3 l. à 28 p. 1 l.

Novembre. 7 j. de brouillard, 3 j. de rosée, 7 j. de pluie. Vents S.-O., 16 j.; O., 5 j.; S.-E., 2 j.; N.-O, 1 j.; N. et E., 5 j. Ces derniers ont régné à la fin du mois. Les jours assez doux dans le mois sont devenus froids à dater du 27 où vinrent les gelées; avant ce jour le Therm. variait de + 2 à + 11, depuis, de — 2 à + 1. Baromètre de 27 p. 5 l. à 28 p. 3 l.

Décembre. 5 j. de brouillard; 18 j. de pluie. Le vent a soufflé du 1.er au 23 de l'Ouest et du 24 au 31 du Nord. La gelée n'a pris que le 27, jusqu'à cette époque la température a été assez élevée pour la saison; le froid a été de 7 sous o le 31. Baromètre, 28 p. o l.

Janvier 1832. 11 j. de pluie, 3 j. de neige. Les vents du N. et E. ont soufflé presque constamment. Le Therm. est descendu à 4 d. sous o les 1 et 2, et il est monté à + 9 le 10. Il a gelé les 1, 2, 3, 4, 5, 6, 7, 8, 14, 16, 17, 18, 21, 23, 24, 25 et 31; la gelée a été légère excepté les 1 et 2. Le baromètre a été constamment haut, il est resté à 28 p. du 15 au 25, et il a atteint 28 p. 3 l. le 24.

Février. 3 jours de pluie, les 2, 3 et 12, mais très-peu; quelques flocons de neige le 11; brouillard les 1, 2, 7 8, 9, 10, 28 et 29. Les vents d'Ou. et Sud-O. ont soufflé du 1.er au 9 et du Nord-N.-E. du 9 au 29. Therm. de — 3 à + 7. Il a gelé tous les jours à l'exception des 1, 2 et 3, cependant du 15 au 28 inclus le temps a été remarquable par sa sérénité et sa chaleur. Barom. de 27 p. 5 l. à 28 p. 1 l., mais le plus constamment 28 p. o l.

2.° *Élévation des Eaux de la Meuse depuis Janvier* 1831 *jusqu'en Mars* 1832. — Les eaux ont été constamment de Janvier jusqu'en Octobre au-dessus de leur niveau le plus ordinaire; dans ce dernier mois elles ont considérablement baissé et sont même restées au-dessous; mais, en Novembre, Décembre, Janvier, elles se sont de nouveau élevées au-dessus pour redescendre encore en Février comme en Octobre. La crue de la Meuse a été souvent assez grande pour opérer des débordemens. La prairie très-vaste de Commercy a été convertie en un grand lac par les débordemens de la rivière, le 2 Mars; le 6 Juin pendant 8 jours (ce qui a détruit la qualité des foins qu'on allait enlever; moitié était fauchée, mais encore sur place, moitié restait à couper : tout fut couvert de limon); le 8 Septembre, pendant 7 à 8 jours; le 9 Novembre, 2 jours; le 18 du même mois, pendant 8 jours; et le 14 Décembre. A dater de cette époque, il y a eu des eaux dans la prairie jusqu'à la fin de Janvier, plus ou moins, à l'état de glace.

3.° La ville et les campagnes renfermaient pendant ces mois, des cloaques étendus, des fumiers en grand nombre et d'autres dépôts d'immondices qu'on n'a pu faire détruire et enlever qu'en octobre, mais imparfaitement.

4.° Les subsistances ont été rares et leur prix élevé, même après les récoltes, et elles le sont encore. Les végétaux alimentaires venus à maturité rapidement et trop arrosés par les pluies chaudes de l'année, ont eu une qualité inférieure. Beaucoup de bêtes à cornes sont mortes d'affections charbonneuses. Le prix des viandes a augmenté à proportion de la mortalité de ces animaux qui, mal alimentés, ont peu produit en lait, beurre etc. En général, le peuple des campagnes et de la ville s'est très-mal nourri et n'a pu faire usage que d'alimens d'une digestion difficile.

Citerons-nous ici l'état moral de la population, l'agitation générale, l'inquiétude de toutes les classes, provenant de notre situation politique qui occupe tous les esprits, de la stagnation des affaires commerciales, de la misère publique, et même de la crainte des maladies présentes et à venir?

Résumons ce que ces quatre paragraphes fournissent d'agens malfaisans qui ont dû porter atteinte à la santé de l'homme, et nous trouverons la constitution médicale cherchée.

De Janvier 1831 à Mars 1832, 176 jours de pluie; de Janvier à Août seulement, il y en a eu 110 pour 102 jours de beau tems; encore, dans les jours sans pluie, le ciel a été souvent couvert, il est tombé de la rosée 41 jours, et il y a eu 16 brouillards. L'année a ainsi été extraordinairement humide.

Les vents du sud et de l'ouest ont dominé.

Il n'y a eu de froid remarquable qu'en Janvier 1831 et Janvier 1832. Les chaleurs ont été très-fortes depuis la fin de Mars 1831 jusqu'à Novembre. Les nuits furent froides en Septembre et Octobre.

Depuis Avril 1831 jusqu'en Septembre, il y a eu 29 jours orageux; le tems a été donc fort électrique pendant les chaleurs.

De la fin de Février 1831, jusqu'à Septembre (le 24), le mercure n'a point atteint 28 pouces dans le baromètre; la pression de l'air, conséquemment, a été tout ce tems extrêmement faible.

Les eaux ont débordé 6 fois. Le débordement de Juin a, après le retrait des eaux, laissé de l'humidité, et des petits poissons en abondance dans l'herbe de la prairie; par suite, il en est résulté des émanations marécageuses et putrides. Pareille chose a eu lieu lors du débordement de Septembre.

L'air a été pendant les 7 mois de chaleur humide, plus ou moins saturé par les gaz échappés de la prairie, des cloaques, fumiers, dépôts d'immondices de la ville et de la campagne.

Le peuple a été mal nourri. Il a éprouvé des inquiétudes de diverses natures.

Cela connu, il est facile d'assigner les causes et le siége de la plûpart de nos épidémies. En effet : 1.° la chaleur humide, les vents sud et ouest, les fréquens orages, les vapeurs marécageuses et celles exhalées par les immondices, la faible pression de l'atmosphère, son état électrique, une mauvaise nourriture, et les passions tristes, sont des agens qui, réunis, portent constamment et en définitive, leur action sur la muqueuse du canal alimentaire.

2.° Après de fortes chaleurs, si le froid humide succède, et, surtout, si ce froid humide est, de tems en tems, coupé par des chaleurs et de la sécheresse, si le vent est vif, E. ou N. ou N.-O., apparaissent les affections de la muqueuse sus-diaphragmatique.

La *mortalité* déterminée par ces causes à Commercy a été assez grande. Comme les épidémies ont duré

8 mois, c'est pour cette période que je vais en dresser le tableau. Je mettrai en regard le tableau de la mortalité qui eut lieu pendant pareille série des mois correspondans 1830-1831. J'y joindrai les naissances.

	1830—1831.		1831—1832.	
	Naissances.	Décès.	Naissances.	Décès.
Juillet :	5	3	9	11
Août :	5	5	4	3
Septemb. :	4	6	2	15
Octobre :	5	9	9	17
Novemb. :	8	5	9	14
Décembre :	9	5	7	26
Janvier :	8	11	2	21
Février :	10	3	9	10
Totaux :	54	47	51	117
Trois dysentériques n'ont succombé, après plusieurs mois de maladie, que dans les premiers jours de Mars...				3
			Total....	120

En comprenant dans la mortalité des 8 mois 1831—1832, ces trois derniers décès, qui n'ont eu lieu qu'accidentellement à une époque reculée, mais qui appartiennent néanmoins aux épidémies par leurs causes, les décès de 1831—1832 dépassent de 73, ceux de 1830—1831. Nos maladies, tant dominantes qu'épidémiques, ont donc enlevé ce nombre d'individus, en prenant pour terme moyen de mortalité, hors les tems d'épidémie, le chiffre 47 qui fut celui de 1830—1831, terme, au reste, que l'on retrouve à Commercy à-peu-près dans les années exemptes d'affections déterminées par des causes accidentelles.

Comme la population de Commercy s'élevait en 1831 à 4000, terme moyen, à cause de la garnison, cette ville a ainsi perdu en 8 mois, par l'effet meurtrier des épidémies, 73 personnes, ou *le* 55.e *de ses habitans.* Une semblable mortalité à Paris eut donné le chiffre de 18,000 personnes environ! Si le *cholera-morbus* vient nous visiter, fera-t-il plus de victimes!

Des 73 individus décédés par l'effet des épidémies, 32 ont succombé à la dysenterie, 31 à la rougeole, 10 à des fièvres graves ataxiques et adynamiques ou à des diarrhées chroniques. En établissant, selon l'âge, une division du nombre de 120, total général des décès, il se trouve que 48 sujets étaient au-dessous de 20 ans, 36 au-dessus de 60, et 36 entre les deux âges, c'est-à-dire, avaient de 20 à 60 ans.

Il faut observer que les décès qui, sur le nombre de 120 ne furent pas dus évidemment aux épidémies, sont surtout d'enfans et de vieillards; ainsi, ces épidémies n'ont pas spécialement fait succomber les vieillards et les enfans.

La mortalité a été faible dans la garnison. Ce qui se conçoit, les soldats étant tous vigoureux, tenus proprement, nourris sainement, et traités aussitôt que malades. La rougeole, d'ailleurs, les atteignit à peine ; les fièvres graves et la dysenterie ont seules fait périr ceux qui ont décédé.

1.° MALADIES DOMINANTES.

Les *fièvres intermittentes*, surtout à type tierce, se sont montrées comme de coûtume pendant le printems de 1831 ; elles furent extrêmement rares, au contraire, l'automne suivant, lorsque nos épidémies régnaient. La constitution atmosphérique semblait, cependant, devoir favoriser leur développement. Il est probable que les chaleurs de l'été prolongées extraordinairement en Septembre et Octobre, y ont mis obstacle.

Les *fièvres continues* franchement *inflammatoires*, et les *bilieuses*, sans mauvais caractère, n'ont aussi guères été observées. En revanche, les *fièvres continues*, *muqueuses*, *ataxiques* et *adynamiques*, furent très-fréquentes. Beaucoup d'individus éprouvèrent ce malaise plus ou moins prolongé, connu sous le nom d'*état muqueux*. On a vu quelques *fièvres nerveuses*, les unes fort lentes, d'autres de peu de durée.

Ce sont les affections fébriles malignes et putrides, qui ont surtout dominé ; aussi, peu de communes de notre canton et des cantons voisins, en furent exemptes. La plûpart débutaient par des symptômes muqueux, puis peu-à-peu apparaissaient des symptômes ataxiques et adynamiques, et, d'ordinaire, ces deux genres se développaient simultanément.

Déjà en 1829, année très-pluvieuse, on remarqua beaucoup de fièvres graves, mais elles étaient plus facilement curables.

Bien que ce ne soit pas ici le lieu de se livrer à une discussion médicale, je dois cependant m'expliquer sur la valeur que je donne aux expressions *fièvre muqueuse*, *fièvre adynamique*, *fièvre ataxique*, expressions que je n'employe qu'afin d'être mieux compris des lecteurs qui n'ont pas connaissance des découvertes très-récentes dues au docteur Bretonneau, de Tours. J'ai eu trop souvent occasion de vérifier les faits anatomico-pathologiques cités par ce médecin, en preuve de sa théorie des fièvres graves, pour ne pas l'adopter. Ces fièvres ne sont, selon M. Bretonneau, qu'une maladie intestinale particulière caractérisée par l'altération furonculaire des follicules de la membrane muqueuse du canal alimentaire. Comme les cryptes sont spécialement malades alors, il a pensé qu'il y avait là plus qu'une *entérite* franche, aussi a-t-il désigné le mal en lui donnant le nom de *dothinentérite*. Les affections fébriles concomitantes sont ses formes extérieures ou ses symptômes, dont l'intensité provient du degré de l'altération des follicules et de la réaction sur l'encéphale et sur la poitrine.

J'ai eu l'occasion, rare en ce pays, d'ouvrir deux personnes qui avaient succombé à des fièvres ataxo-adynamiques bien dessinées, et en tout semblables à la grande majorité de celles que l'on a vues trop souvent, tant à la ville qu'à la campagne. L'un des fiévreux était CHAMILLY, mort le 16 Juillet 1831, après dix jours de maladie, et l'autre, JACQUOT, décédé le 16 Janvier 1832, après un mois de souffrance : tous deux militaires traités à l'hôpital de Commercy. Les organes encéphaliques et thoraciques n'ont offert que des lésions insignifiantes, mais l'intestin grêle de chacun des sujets se trouva profondément altéré. Ses follicules présentaient exactement, selon la durée et l'intensité de la maladie, les désordres anatomiques décrits par les élèves de M. BRETONNEAU. J'avais pu, en suivant la méthode analytique de ce médecin, diagnostiquer parfaitement, et signaler à l'avance les lésions que la maladie laisserait dans les cadavres. Les docteurs INFROIT, chirurgien-aide-major du Train des équipages, et VIOLET, chirurgien-major du 8.e Cuirassiers, ont assisté, le premier, à l'ouverture de CHAMILLY, et le second, à celle de JACQUOT.

La *dothinentérite*, sous plusieurs formes symptomatiques, se montra donc fréquemment en 1831-1832. Les militaires éprouvèrent ses atteintes en plus grand nombre proportionnel que les habitans du pays. Ainsi, le 6 Juillet 1831, on vit CHAMILLY, BERGOT et PLAYE, de la 3.e Compagnie d'ouvriers du Train des Équipages militaires en garnison à Sampigny, en éprouver tout-à-coup les symptômes, d'abord avec les caractères muqueux, puis avec la forme ataxo-adynamique. Ils furent traités à l'hôpital de Commercy. Un seul succomba. Bientôt après,

Lataye, de la même Compagnie, entra dans cet établissement, le 17 juillet, présentant l'ensemble des symptômes ataxo-adynamiques; il guérit en un mois. La dothinentérite n'attaqua depuis aucun soldat de la 3.e Compagnie Mais, une maladie aussi grave, frappant tout-à-coup quatre militaires de la garnison de Sampigny, allarma les chefs du corps, et leur fit penser à la naissance d'une épidémie de même nature. Heureusement que, dès cette époque, la dothinentérite ne se montra plus que de tems en tems parmi les soldats, comme elle le faisait dans tout le pays. Soliman, de la 14.e Compagnie du Train, entra à l'hôpital le 14 Septembre avec une fièvre ataxique violente, il était encore dans les salles à la fin de Novembre, mais convalescent. Dailly, de la 2.e Compagnie, récemment guéri d'une angine tonsillaire, fut atteint de la fièvre ataxo-adynamique le 6 Novembre, et recouvra la santé en peu de tems etc.

On vit plusieurs habitans d'une même maison, éprouver à la fois ou successivement les coups de cette maladie. La fille, puis plus tard le fils de Bernard, vigneron à Liouville, y succombèrent. Le Maire de cette Commune décéda ensuite avec le même mal. Deux des fils de *Jean* Merdier, de Sorcy, en furent frappés l'un après l'autre; le second malade ne releva pas. Desboeuf à Commercy, Barrois à Ville-Issey, Albert à Aulnois, Deville à Euville, et beaucoup d'autres, à Sampigny, Girauvoisin, Fréme-réville, Gironville, Void, etc., périrent des suites de fièvres malignes et putrides. Cependant, le nombre des morts n'a pas surpassé celui des malades que l'on a pu sauver. Le fils de Liouville-Barrois, de Ville-Issey, a présenté un exemple singulier de fièvre ataxo-adynamique rémittente.

Les moyens qui réussirent le mieux furent, dès le début de la dothinentérite, des applications de sangsues au bas-ventre et à l'anus, chez les individus jeunes, vigoureux, sanguins; durant toute la maladie, des boissons adoucissantes, des lavemens de même nature, la diète et les moyens hygiéniques; puis, enfin, les irritans et les vésicans aux membres inférieurs, lorsque le cerveau était fortement entrepris. J'avoue que je n'ai osé employer les purgatifs salins préconisés par le médecin de Tours.

Les gastro-entérites franches, le plus grand nombre avec réaction sur l'encéphale, ont été communes, aussi bien que la forme précédente de l'entérite. On les a observées surtout à Void, Pagny-sur-Meuse et villages circonvoisins. L'arachnoïde donnait dans ces maladies, des signes évidens d'une inflammation subordonnée à la phlegmasie du canal alimentaire. Les évacuations sanguines locales, les topiques émolliens sur le bas ventre, quelquefois des applications froides sur la tête, et, à la fin de la maladie lorsqu'il y avait grande prostration des forces, vésicatoires sur les membres abdominaux, même à la nuque; tels furent les moyens mis en usage à l'extérieur. A l'intérieur la diète, les boissons gommeuses, les lavemens adoucissans composaient toute la médication. Il est de remarque que le plus grand nombre des sujets affectés, étaient des enfans et des adolescens.

Depuis longues années, on n'avait pas observé autant de complications vermineuses, et même d'affections vermineuses primitives, que durant le cours de nos épidémies. Presque tous les individus qui furent atteints de diarrhée, de dysenterie et de rougeole, ont rendu des lombrics par le bas et même par la bouche. Il est des personnes qui en évacuèrent jusqu'à cent cinquante, en un ou deux jours. Tous les âges y furent sujets. D'ordinaire point de signe particulier n'annonçait leur présence. Cependant, quelques enfans, sans être pris d'aucune des maladies épidémiques, se trouvaient tout-à-coup agités d'une fièvre vive, et en rendaient, soit en pelotons soit un à un, un grand nombre, puis recouvraient la santé. Mais les symptômes caractéristiques que les auteurs donnent aux affections vermineuses, manquaient absolument. Plusieurs enfans ont succombé.

Il est facile de remonter aux causes de ces diverses maladies, *dothinentérite*, *gastro-entéro-meningite*, *affections vermineuses*. La constitution médicale de l'année, exposée plus haut, rend suffisamment raison de leur fréquence, de leur siége et de leur nature.

Ces affections dominantes, vues déjà dès le printems de 1831, firent prévoir que l'invasion prochaine d'autres maladies du canal alimentaire aurait lieu, si la température chaude et humide continuait. Il était même à craindre qu'elles prissent la forme typhoïde. Toutes les conditions d'insalubrité, favorisant de plus en plus les maladies intestinales, on vit éclater bientôt la diarrhée et la dysenterie épidémiques. Heureusement que l'intensité de leurs causes n'a pas été suffisante pour les compliquer de *typhus*.

2.° DIARRHÉE ÉPIDÉMIQUE.

Vers la fin de Juin, beaucoup de personnes à la ville et surtout dans les campagnes, commencèrent à être prises d'un dévoiement, sans causes à elles connues. Quelques-unes éprouvaient des coliques, des épreintes; la plûpart n'avaient point de douleur ni de ténesme fatiguants. En général, la brusque invasion de cette légère maladie lui donnait de la ressemblance avec l'indigestion; mais elle ne survenait pas après un repas trop copieux, ou après l'ingestion d'alimens indigestes : on en était atteint sans qu'aucun écart de régime y eut pu donner lieu. Les selles se répétaient plus ou moins fréquemment; leur matière avait beaucoup de liquidité et une teinte jaunâtre; aussi, donna-t-on à cette affection le nom de *flux jaune*, pour la distinguer de la dysenterie qui ne tarda pas à paraître. Une ressemblance très-faible avec le *cholera-morbus*, maladie qui occupait déjà singulièrement tous les esprits, la fit nommer, en beaucoup d'endroits, *petit cholera*. Chez certaines personnes, l'appétit diminua; le plus grand nombre conserva de l'appétence pour les alimens. Point de fièvre, soif cependant. Langue naturelle. Ventre le plus souvent indolent. Urines ordinaires. Sommeil bon. Les sujets attaqués le plus fortement, étaient abattus, avaient les membres courbaturés. Les malades, continuant presque tous à vaquer à leurs affaires, et sentant encore le besoin de prendre des alimens, ne réclamèrent que rarement les secours de l'art. La durée de l'affection était d'un jour à 8, 10, 15 jours; la nature finissait par en triompher.

En Août, le nombre des personnes qui furent atteintes de la diarrhée, augmenta. La plûpart des militaires envoyés de diverses villes pour être incorporés au Train des Equipages, l'éprouvèrent dès leur arrivée dans le pays.

A cette forme d'irritation, il se joignit pendant Août, Septembre et Octobre, durant ces deux derniers mois surtout, des vomissemens, des coliques. Le mal alors occupant la totalité du canal alimentaire, était nécessairement plus violent; aussi, les médecins furent-ils appelés par plusieurs individus qui en étaient atteints à ce degré. Ordinairement, après un à deux jours de malaise, perte d'appétit, diarrhée, envies de vomir, vomissements glaireux, quelquefois jaunâtres. Livrée à elle-même, cette affection pouvait devenir sérieuse, mais on la combattait avec succès; elle était aussi légère que la diarrhée simple. La langue restait naturelle. Le ventre, à peine météorisé, était un peu douloureux à la pression. Faible agitation du pouls, ou point de fièvre. Peau sèche.

On vit dans les mêmes mois, néanmoins assez rarement, le même mal paraître avec un caractère moins benin en apparence, quoique réellement aussi peu alarmant. Il survenait dans ce cas, sans cause connue, de vives coliques, avec contraction violente des muscles de l'abdomen, agitation comme convulsive des membres, cris, pâleur de la peau qui se refroidissait et devenait sèche, pouls très-fréquent, petit, serré, effroi peint sur la physionomie dont les traits exprimaient l'anxiété et la douleur, envies de vomir, puis vomissemens difficiles de glaires, de bile en petite quantité, et dévoiement abondant de même nature. Langue et urines naturelles. C'est cette forme d'irritation gastro-intestinale qu'on a nommée à Paris *cholérine*. La durée était d'une heure à 5 ou 6. En voici un cas dont j'ai conservé la relation :

Floquet, scieur de bois à Commercy, digérait moins bien que de coutume, mangeait peu, était abattu, mais continuait à travailler. Après quelques jours de cet état, au commencement de septembre 1831, il est pris la nuit, au milieu de son sommeil, d'une colique d'estomac et d'entrailles des plus violentes, avec envies de vomir et vomissement; des eaux sont seules rendues avec un peu de bile; il a beaucoup de tenesme, mais peu de selles; ventre plat, dur; les muscles obliques, transverses et droits, sont fortement contractés. Les membres fort agités tendent à rester dans la demi-flexion; leurs muscles sont très-durs. Cris aigus continuels. Corps froid, pâle; visage couvert de sueur. Pouls, 150 par minute, petit, facile à effacer. Respiration accélérée. Peau sèche, excepté au visage, qui exprime une vive douleur. Langue naturelle. Je prescrivis le traitement que j'indiquerai plus bas, et, après une heure de durée, la maladie céda. Tout fut calme le lendemain matin, mais les selles restèrent un peu fréquentes, il y eut anorexie, faiblesse. Des soins hygiéniques ont consolidé la guérison complète, qui ne s'est fait attendre que pendant quelques jours.

Lorsque les chaleurs du jour commencèrent à baisser à la fin d'Octobre et en Novembre, des coliques simples sans vomissement ni dévoiement, dépourvues de fièvre, de changement de couleur à la langue etc., déjà souvent remarquées durant les mois précédens, se montrèrent très-fréquentes. Le 2 de Novembre, j'ai été appelé par 6 personnes, dont deux d'Euville et quatre de Commercy, toutes souffrant de coliques de ce genre. Dans la première quinzaine du même mois, j'ai eu occasion d'en soigner un assez grand nombre. Ces coliques n'étaient certainement qu'un degré, ou une forme d'irritation intestinale intermédiaire à la diarrhée et à la dysenterie, forme qui se serait convertie en l'une de ces affections, si un traitement convenable ne l'eût fait cesser promptement.

Il a été facile de reconnaître les causes de l'épidémie diarrhéique que nous avons éprouvée. Ce sont celles que nous avons déduites de l'état atmosphérique, des débordemens de la Meuse, de la nourriture, des passions etc., pendant 1831, (page 13). Nous ne pensons pas qu'elle fut due uniquement à l'usage des fruits peu mûrs, comme le public l'a cru, car la majorité des individus atteints, ne mangeaient pas ou ne faisaient qu'un usage modéré de fruits; cependant, on doit les compter parmi ses causes.

L'usage d'alimens de bonne nature, plutôt animaux que végétaux, l'eau rougie pour boisson, l'habitation dans une chambre aérée par le nord ou l'est, élevée, sèche, l'entretien d'une transpiration égale, étaient le traitement préservatif indiqué par les faits, car les personnes qui ont échappé à la diarrhée appartenaient à la classe aisée, ou se trouvaient dans les conditions précitées.

Un régime doux, mais restaurant, et quelques moyens hygiéniques, suffisaient d'ordinaire pour guérir la diarrhée. Les boissons délayantes, la privation du vin, les alimens végétaux, prescrits aux sujets qui d'habitude prenaient des excitans, et vivaient de viandes, loin de diminuer le mal, l'aggravaient.

L'opium et ses préparations (le *Laudan. de Syd.* à la dose de 15 à 20 gouttes dans une potion gommeuse prise en 24 heures, et réitérée jusqu'à cessation du mal) en triomphaient à merveille. La cholérine, les coliques, nuances de cette irritation intestinale, cédaient avec une singulière promptitude à cette médication.

L'épidémie diarrhéique que je viens de décrire rapidement, n'a pas fait de victimes que je sache. Je la considère comme le précurseur de la dysenterie qui ne tarda pas à venir après son apparition, et régna ensuite en même tems qu'elle, quoique sur une moins grande étendue de pays. Il ne lui a, selon moi, certainement manqué dans les localités où elle s'est seule montrée, que quelques causes parculières à ajouter aux siennes propres, pour lui faire prendre la forme dysentérique.

Un cas singulier qui appartient aux deux épidémies diarrhéiques et dysentériques doit avoir ici sa place. C'est un *cholera-morbus sporadique* dont les circonstances symptomatiques et nécroscopiques, le rapprochent singulièrement de l'*asiatique*.

Catherine GUYOT, âgée de 19 ans, demeurant à Euville chez ses parens, fille robuste, très-laborieuse, assez pâle d'ordinaire, mais toujours bien portante, ne souffrait pas le 26 Octobre 1831. Elle dormit comme de coûtume, pendant la nuit suivante. Le 27, elle mangea avec appétit, et fit les travaux du ménage; même elle s'occupa avec d'autres femmes à divers ouvrages, assise sur un banc dans la rue. Sur le soir, elle commença à éprouver un froid extraordinaire sans frisson, et une anxiété dont elle ne put rendre compte. Elle ne fit usage d'aucun aliment insalubre ce jour-là, ni ne mangea plus que d'habitude. Cependant, dans la nuit, elle éprouva tout-à-coup des douleurs aiguës dans tout le ventre; le visage devint comme terreux, exprima une vive angoisse; les membres se refroidirent; des vomissemens eurent lieu, et consistaient en matières muqueuses et bilieuses les unes vertes, les autres jaunes; en même tems, il y eut de 40 à 50 déjections par le bas d'un liquide blanchâtre, floconneux, mêlé de matières fécales. Dès le matin du 28, les parens mettent la malade à la diète, lui font boire de l'eau de riz, et viennent réclamer mes soins. Je me suis rendu près de cette malade, à midi. Je lui trouvai le ventre plat, mou, peu sensible à la pression, excepté à l'estomac, mais légèrement, et à la région sus-pubienne, cependant là d'une manière obscure. Des coliques très-rapprochées ont lieu et se développent dans tout l'abdomen, avec violence. Teint du visage et coloration des membres, livides, non violacés, mais tels que les ont les personnes qui sortent d'un bain peu froid. Le visage était froid, ainsi que les membres; en les touchant, on eut dit ceux d'un malade dans le frisson d'une forte fièvre intermittente. Nausées fréquentes; vomissemens très-rares, depuis le jour; l'intérieur de la bouche, à l'état naturel. Les urines sont brûlantes, rendues à chaque effort pour évacuer, et en petite quantité. Soif très-vive. Selles fréquemment répétées. Je vois un vase à demi rempli des matières de ces selles; il contenait un liquide blanchâtre trouble, avec des flocons gris et verts. Pouls 120, très-petit, mou, facile à déprimer. Respiration accélérée. Voix, sens, intelligence, mouvemens libres, mais prostration extrême. Je prescris la continuation de l'eau de riz; je conseille de la donner froide, et à dose très-fractionnée. Je fais administrer : *Laudanum de Syd.* gouttes xxx, dans *eau* six onces; une cuillerée à bouche chaque quart-d'heure. Je recommande de tenir le lit extrêmement chaud, de charger la malade de couvertures, et de placer, sous ses pieds, un corps pénétré d'une forte chaleur. A ma visite du 29, elle dit avoir moins vomi, mais elle a été 40 fois du ventre, environ, et les matières mises bas ressemblent à celles de la veille, à l'exception de quelques stries de sang qui flottent à leur surface. Mêmes coliques, même pouls, même froid, etc., point de sommeil. Je renouvelle ma *prescription* de la veille. Sur le soir, malaise général plus grand, sensation de chaleur partout le corps, sans cependant que les membres semblent moins froids, agitation extrême, plusieurs vomissemens, la plûpart bilieux, six à huit selles de même nature que les précédentes, peau pâle, visage grippé, pouls presqu'insensible (150), du reste comme ci-devant, (*Prescr. id.*) Le 30, pouls insensible sous le doigt; froid, comme la veille; sueur au front; visage très-pâle; respiration faible, très-accélérée; toujours coliques; 5 à 6 selles d'une substance ressemblant à de l'empois grisâtre, mêlée d'un liquide lie de vin très-claire. Deux à trois vomissemens aqueux (des boissons), muqueux et bilieux. La tête toujours libre; les sens et l'intelligence intacts. Le soir, le ventre n'est plus le siége de coliques. Mort à minuit, avec pleine connaissance.

La putréfaction se manifestant, j'ai ouvert le corps 12 heures après le décès, en présence d'un membre du conseil municipal d'Euville. Comme les parens avaient accueilli, avec répugnance, la proposition de faire l'autopsie de *Catherine*, et qu'ils n'avaient consenti à cette opération qu'après des instances réitérées, je n'ai pu, dans le tems trop court qu'on m'avait accordé, ouvrir le crâne et le rachis, mais j'ai exploré attentivement l'abdomen.

Cadavre froid dans toutes ses régions, très-maigre, répandant une odeur nauséabonde des plus pénétrantes, analogue à celle de la matière des dévoiemens chroniques. Peau flasque, jaunâtre. Plus de roideur cadavérique. Poitrine sonore; ventre plat. Yeux à demi ouverts, ternes, renversés au haut. Aucune ecchymose, ni coloration anormale.

Tous les organes abdominaux ont leur volume accoutumé, et occupent leurs régions respectives. *Estomac* fortement reveuu sur lui-même. *Paquet intestinal* d'une teinte blanchâtre. *Vessie* vide. Le *péritoine* est dans son état ordinaire, et ne renferme point de sérosité. La membrane muqueuse gastrique est saine; ses plis sont seulement injectés en pointillé léger; les veines qui rampent entre les membranes ne renferment point de sang. On ne rencontre dans l'*estomac* qu'un peu de mucosité grise, moitié filante, moitié très-fluide, et quelques flocons de bile verte. Cette mucosité, d'odeur fade, rougit le papier de tournesol. *Duodénum* coloré en jaune-vert; sa membrane muqueuse çà et là injectée en pointillé comme celle de l'estomac; mais toute la membrane gastro-duodénale est grisâtre. Les *follicules duodénaux* sont très-apparents, évidemment gorgés d'une matière blanchâtre qui, elle-même, remplit en partie le duodénum. Cette matière répand la même odeur qu'exhale tout le cadavre. Le *foie* est un peu gros, gorgé de sang. La *vésicule* est vide, colorée en jaune par un mucus de cette nuance qu'elle renferme en petite quantité. *Rate* petite, mollasse, peu gorgée de sang. *Pancreas* sain. L'*iléon* et le *jejunum* renferment la même substance blanc-grisâtre que l'on a trouvée dans le *duodénum*. Cette substance n'a pas le gluant du mucus; elle ressemble à de la colle de farine très-claire. En quelques endroits, on voit une sérosité jaunâtre, ailleurs un peu de bile verte coagulée, enfin, en plusieurs points, des glaires tremblantes, rousseâtres. La substance blanc-grisâtre est analogue à celle que l'on observe dans beaucoup de cadavres d'enfans qui ont succombé à la gastro-entérite chronique; elle est très-puante. La membrane muqueuse du *jejunum* et de l'*iléon*, est de l'épaisseur et de la consistance normales. Sa teinte est grisâtre, excepté en quatre endroits voisins du *cœcum*, où se voyent des *plaques de Peyer* injectées : là, l'intestin est arborisé par du sang qui gorge des vénules, et les *ganglions mésentériques* correspondans sont rouges, un peu tuméfiés, tandis que les autres sont sains. Les *follicules* sont comme ceux du *duodenum*. Le *gros intestin* renferme la même substance trouvée dans l'*intestin grêle*, même état grisâtre de la muqueuse ; *follicules* très-dilatés, la plûpart présentent une auréole rougeâtre ou noirâtre. La *vessie*, les *reins* et la *matrice* paraissant sains, n'ont pas été ouverts parce qu'il fallait se hâter, et faire promptement l'autopsie ; je ne les ai donc pas examinés. Les *organes pectoraux* tous sains. Le *cœur* et les *poumons* sont seulement gorgés de sang. Ayant extrait du sang de la *veine cave*, j'ai trouvé celui-ci fluide, sans caillot, mais ne donnant pas d'odeur particulière. Les grosses artères sont vides et n'ont aucune teinte anormale.

Pendant que je faisais cette autopsie dans une chambre fort petite et humide, il m'a fallu tenir les portes et les fenêtres exactement closes, pour empêcher les curieux de se porter en foule près de moi. L'odeur était si pénétrante que M. H...., qui m'accompagnait, éprouva bientôt une syncope. Je n'ai pu, malgré l'habitude de respirer l'air des amphithéâtres, être exempt des effets de l'influence malfaisante d'une semblable odeur. A peine avais-je terminé mon examen nécroscopique, que j'ai été pris d'un grand mal de tête, puis de coliques, dévoiement, diminution d'appétit. Le régime et le grand air firent disparaître cette indisposition en peu de jours. Une fille de *Dominique* Mourot, qui veilla près du corps enseveli, éprouva les mêmes symptômes pendant dix jours. Cependant, j'avais fait aérer la chambre et répandre partout de l'eau chlorurée.

Bientôt deux voisins furent atteints d'une violente dysenterie. Mes recherches m'ont prouvé qu'elle a été encore un des effets des émanations de notre infortunée cholérique. (*Voyez plus loin à la description de la* dysenterie épidémique).

Je laisse le lecteur faire lui-même les réflexions que lui suggéreront le cas de *cholera*, dont *Catherine* Guyot a été si promptement victime. Pour moi, je le considère moins comme un *cholera d'Europe*, que comme un *cholera asiatique* bien caractérisé; et je suis persuadé que, sans des circonstances qu'il nous fut impossible de reconnaître, ce terrible mal éclatait parmi nous en Novembre dernier.

J'ai, dans le tems, caché toutes mes pensées sur un tel événement. Je me suis borné à en faire part à M. le Sous-Préfet de Commercy, qui en a transmis le rapport à M. le Préfet. Si le public avait alors été informé des détails que je viens de donner, l'alarme eut été répandue imprudemment, et la frayeur qui grossit tout, aurait, en propageant les contes les plus ridicules sur les affections régnantes, mis au désespoir le grand nombre des personnes atteintes à cette époque de maladies épidémiques.

3.° DYSENTERIE ÉPIDÉMIQUE.

La dysenterie a paru épidémiquement, pendant l'automne de 1831, dans la plûpart des villes de la

Lorraine. Metz, Nancy, St.-Nicolas, Pont-à-Mousson, Toul, Lunéville, etc., en furent frappés à la même époque; mais, nulle part, cette maladie n'attaqua, relativement à la population, autant de personnes qu'à Commercy. Cette circonstance est d'autant plus singulière que dans le département de la Meuse, Commercy et les villages voisins éprouvèrent pour ainsi dire seuls ses atteintes. Bien qu'elle se soit montrée à Gondrecourt, elle y a été plutôt dominante qu'épidémique. A St.-Mihiel, on l'a aussi observée; mais, les militaires logés dans la caserne, et les détenus dans la prison du Tribunal, en ont presqu'exclusivement souffert. Ailleurs, dans le département, on a signalé sa présence sans doute; cependant, les cas où les médecins ont été appelés pour la traiter, furent très-rares; ce n'était que la dysenterie sporadique, dont chaque automne amène des exemples. Bar-le-Duc, Ligny, Verdun, etc., et, fort près de nous, les communes de Sampigny, Mécrin, Pont-sur-Meuse, Ville-Issey, Sorcy, situées sur la Meuse comme notre ville, dans la même exposition, en ont été tout-à-fait exempts.

En 1764 ou 1765, elle se montra à Commercy avec une violence extraordinaire; beaucoup de monde périt. Le cimetière, placé à cette époque dans la ville, put à peine suffire aux inhumations. On le supprima alors, pour l'établir hors des murs. La dysenterie reparut épidémiquement encore en 1794 à Commercy et aux environs. Lorsque l'année est humide et l'automne chaud cette affection y devient facilement dominante.

L'apparition d'une nouvelle épidémie dysentérique parmi nous, pendant que tout le département était dans un état sanitaire satisfaisant, me parut un phénomène assez singulier pour que je m'appliquasse avec un soin extrême à l'étudier minutieusement. Aussi, c'est l'affection épidémique dont je donnerai la relation la plus étendue.

Son caractère a peu varié. Tous les individus atteints ont éprouvé à-peu-près les mêmes symptômes. La maladie existait dans toute sa simplicité ; l'intensité de l'inflammation hémorrhagique et son étendue dans les intestins, ont, seules, établi les différences qu'elle a présentées. Les complications qu'elle a offertes, dépendaient moins de la maladie et de ses causes, que de l'âge, de la constitution, du tempérament des sujets, et des maladies chroniques qu'ils portaient avant l'invasion du mal.

Les malades étaient pris subitement, ou après quelques jours d'une diarrhée sans colique, de douleurs dans la région hypogastrique avec excrétion de matières fécales sanglantes, ou de sang pur. Chez plusieurs individus, après un, deux, trois jours, ou plus, la santé se rétablissait. L'appétit et les divers actes fonctionnels n'avaient pas été altérés. Chez la majorité des sujets, les douleurs de la région hypogastrique s'accroissaient, gagnaient le flanc gauche, la région ombilicale, le flanc droit, et devenaient des plus vives, surtout à la pression. La fièvre s'allumait. Les selles sanglantes se répétaient de 12 à 100 et 200 fois les 24 heures, avec un ténesme des plus insupportables. Pouls plein, mou, battant de 80 à 140 par minute. Langue blanchâtre, presque naturelle, humide, très-rarement rouge ; soif vive ; perte d'appétit, cependant pas constante ; peau sèche ; urines rares, rouges, rendues avec cuisson ; forces anéanties ; pâleur ; tête lourde, céphalalgie. Ce sont là les symptômes de la *dysenterie inflammatoire* des anciens, de cette dysenterie dépourvue de complication autre que l'appareil fébrile qu'une vive irritation intestinale fait naître nécessairement, en un mot, d'une *colite hémorrhagique*.

Pour ne pas répéter ce que disent sur cette variété de la dysenterie, tous les auteurs, et ce que j'en décris plus loin dans les observations annexées à ce travail, je ne vais en signaler que quelques circonstances importantes à citer.

En général, les sujets atteints ont rendu des vers lombrics, en très-grand nombre, mais sans grand soulagement. Il y a eu vomissement dans des cas assez rares, surtout quand l'affection était intense, et quand, principalement, les malades continuaient à manger. J'ai observé quelques complications avec la fièvre muqueuse, deux avec la fièvre adynamique ; je n'ai pas vu l'état saburrhal des premières voies exister avec elle. Une seule fois, j'ai remarqué dans son cours des symptômes ataxiques. Sur 20 sujets, la dysenterie a passé une fois, à-peu-près, à l'état chronique. Elle durait de quelques jours à un mois, et six semaines, à l'état aigu. Devenue chronique, elle a traîné des malades au tombeau, en 4 et 6 mois, en amenant des phlegmasies gastro-intestinales incurables, ou des lésions de la poitrine, et, en dernier lieu, le marasme. Les pauvres ont spécialement été atteints, ainsi que les personnes mal logées, mal nourries, délicates, les jeunes sujets, les vieillards, les valétudinaires. Les habitans aisés, bien nourris, bien vêtus, logés convenablement, prenant de l'exercice etc., en ont été presque tous exempts.

La dysenterie parut d'abord à Commercy. La caserne, alors occupée par 550 hommes du Train des Équipages militaires, a été son point de départ, vers le 20 Août; 90 soldats atteints ont été soignés à l'hôpital. Elle cessa dans ce local en Octobre, après le départ de 207 hommes. Elle se manifesta dans le faubourg le 1.er Septembre. Le nommé Raffet, maréchal-ferrant, en fut pris le premier. Bientôt les malades se multiplièrent dans ce faubourg. Des personnes de la rue des Capucins, et du Val-des-Prés, puis de quelques autres points de la ville, commencèrent à être attaquées du 2 au 4 Septembre. A la forge de Commercy, la maladie parut le 1.er Septembre. Le nombre des malades augmenta tout-à-coup d'une manière alarmante jusqu'au 20, où il diminua beaucoup; ce qui fit espérer la fin prochaine de l'épidémie. Elle reprit son activité le 1.er Octobre. Une foule d'individus, alors, en ont éprouvé les atteintes. En Novembre, le nombre des malades diminua promptement. Je n'ai pas connaissance que des personnes aient été prises de la dysenterie après le 8 de ce mois, si ce n'est quatre qui furent encore attaquées de ce mal le 15 Décembre. A la fin de l'épidémie, celles qui en souffraient encore à l'état aigu guérissaient promptement, ou, par l'effet de diverses circonstances, la voyaient passer à l'état chronique.

On a évalué, et cette évaluation est faible, le nombre des malades à 500 pour Commercy, durant les deux mois et demi que dura l'épidémie.

Du 10 au 15 Septembre, la dysenterie parut à Vignot, au nord-est de Commercy. Elle s'y développait encore le 22 Novembre. 100 personnes à-peu-près en ont été attaquées dans ce village.

Le premier dysentérique qu'il y eut à Euville, (à l'E.-quart-S.-E. de Commercy), fut pris de ce mal 1.er Octob. Depuis le 24 Novembre, personne n'en a plus été atteint. Nombre des malades : 28. La filature de coton, située au nord et à 500 pas d'Euville, n'a pas été exempte de ce fléau.

A Aulnois (à l'E.-quart-S.-E.), du 15 Septembre au 15 Octobre, 3 personnes eurent la dysenterie.

Jouys-sous-les-Côtes (est de la ville), a eu deux dysentériques, du 1.er Octobre au 11.

Raulecourt (E.-quart-N.-E.), en a eu également deux, mais du 1.er au 4 Octobre.

Du 1.er au 25 Novembre, 4 personnes ont été prises de flux sanglant à Frémeréville (nord-est de Commercy).

Broussey (même direction), depuis le 15 Nov. jusqu'au 25, a eu 3 sujets atteints de ce mal.

Un seul individu en a souffert à Bouconville, (encore même direction), le 14 Septembre.

Du 14 Novembre au 24, deux sujets en ont été pris à Girauvoisin, (nord-nord-est de la ville).

A St.-Julien, (village situé plus vers le nord), on en a observé trois, du 1.er Octobre au 15.

Boncourt (au nord de Commercy), du 20 Octob. au 1.er Novembre, en a présenté cinq.

Six personnes en ont souffert à Lérouville, du 1.er Octobre au 4 Novembre. (Ce village est au nord-nord-ouest de la ville).

Une personne a été prise de la dysenterie à la ferme de Girouët, le 25 Nov. (Cette ferme est au nord-quart-nord-ouest de Commercy).

On a vu aussi cette maladie à Chonville (S.-ouest de Commercy), et à Vertuzey (S.-E.-sud); mais, comme son apparition y fut accidentelle (pages 47 et 48), je ne range pas ces communes au nombre des lieux où elle se développa épidémiquement. Huit personnes ont éprouvé ses atteintes dans ces villages, du 1.er Sept. au 6 à Chonville, et du 12 au 24 Octobre à Vertuzey. Le nombre total des cas qui ont composé l'épidémie s'est élevé, conséquemment, à 668 du 20 Août au 15 Décembre. A Commercy, le 8.e de la population fut malade.

Il est probable que la dysenterie s'est montrée, mais sporadiquement, sur d'autres points ; or, comme cette maladie manque rarement de survenir ainsi chaque année, je n'ai borné mes recherches qu'aux communes voisines de notre ville, où l'affection était certainement dépendante de l'épidémie. D'ailleurs, tous les renseignemens que j'ai pu me procurer prouvent que cette dernière ne s'est étendue que sur les communes qui viennent d'être citées.

Il résulte de l'énumération des villages qui ont été frappés par la dysenterie, qu'ayant commencé à Commercy, où cette maladie dura tout le tems qu'on en observa des exemples dans le pays, elle parut bientôt avec violence, en Septembre, à Vignot près de la ville ; à Bouconville et Aulnois, mais faiblement, villages distants d'une lieue et demie à deux lieues de Commercy ; puis, en Octobre, avec violence à Euville, à 1/2 lieue de cette ville ; faiblement à même époque à Jouys, Raulecourt, St.-Julien, Boncourt, Lérouville, villages plus éloignés ; enfin, en Novembre, à Frémeréville, Girauvoisin, Broussey et Girouët, distants d'une lieue à deux.

Les villages les plus rapprochés de Commercy ont eu le plus de malades ; le nombre de ceux-ci diminua, à-peu-près, selon que leurs demeures étaient éloignées de la ville.

Ces données nous portent à penser que l'épidémie a émané de Commercy, et que, de là, elle s'est répandue, en s'affaiblissant.

A quelles causes attribuer cette épidémie?

La température, chaude le jour, froide la nuit, les pluies continuelles, les vents ouest et sud, n'ont pu la faire naître par leur seule action. Elle aurait été généralement répandue dans toutes les contrées où l'état atmosphérique se fut trouvé semblable à celui qui a été observé à Commercy. Or, à Verdun, où la dysenterie n'a pas régné, les tableaux météorologiques correspondent exactement aux nôtres.

Les débordemens de la Meuse, et l'odeur de marécage exhalée ensuite par la prairie, n'ont pu seuls aussi l'occasionner, même à l'aide de l'état atmosphérique, puisque la Meuse a débordé ailleurs qu'à Commercy, et qu'on n'a pas vu de dysentériques dans la plûpart des communes voisines de la rivière, (à Pagny-sur-Meuse surtout, et il existe cependant un vaste marais dans son voisinage).

Les eaux potables sont excellentes chez nous, on ne les citera pas comme causes de l'épidémie.

Si l'on voulait trouver cette cause dans la mauvaise qualité des alimens, il faudrait que Sampigny, et, généralement, toutes les communes de notre voisinage qui ont échappé au fléau, eussent été frappés de dysenterie, car, dans ces communes, on se nourrit des mêmes alimens qu'à Commercy.

C'est donc dans les lieux habités même, que nous devons rencontrer quelques circonstances particulières auxquelles se puisse rattacher l'origine de l'épidémie.

Commercy s'est trouvé pendant plusieurs mois, surtout à la fin d'Août, en Septembre, et durant les quinze premiers jours d'Octobre, environné d'un air des plus viciés, comme le témoignait l'un des sens qui trompe le moins. Tous les habitans ont été alors affectés désagréablement par une odeur répandue dans tous les quartiers. Cette odeur se faisait sentir spécialement le soir, quand, à la chaleur du jour succédait un peu de frais et un léger brouillard. Rien d'approchant n'a existé dans les divers villages qui ont souffert de l'épidémie, bien qu'on s'y soit plaint d'exhalaisons malfaisantes.

La présence à Commercy d'émanations putrides, le fait même que la maladie a commencé dans cette ville, qu'elle y a été le plus intense, qu'elle y a duré le plus long-tems, et qu'autour d'elle, de village en village, en s'en éloignant, le mal a diminué de violence, comme les malades de nombre ; ces observations nous portent à prononcer que le foyer d'infection qui a donné naissance à l'épidémie dysentérique, était situé à Commercy même.

Nous devons le dire, avant d'entrer dans des explications de détail, les soins de la Municipalité ont fait disparaître depuis, autant qu'il a été possible, les imperfections que la nature du terrain et une espèce de prescription avaient établies. On a comblé les fosses infectes; ordonné l'enlèvement des fumiers; facilité, à force de travail, l'écoulement des eaux autrefois croupissantes, et fait assainir les ruelles. Une police attentive autant que sévère, veille sans cesse à la salubrité. La peur du *cholera* a été pour l'administration un utile auxiliaire; ce qu'elle ne pouvait obtenir avant qu'il fut question de cette maladie redoutable, lui est devenu plus facile à faire exécuter, sous ses tristes auspices. En ce moment encore, on travaille à achever l'assainissement. La *rue du Four*, dont je vais parler, reçoit un nivellement nouveau, qu'on avait désespéré jusqu'ici de pouvoir lui donner.

Voyons maintenant les causes d'insalubrité qui se trouvaient réunies en automne à Commercy, et qui ont dû produire et favoriser l'épidémie :

1.° Dans une grande partie de la ville, les eaux pluviales et ménagères trouvant trop peu de pente pour s'écouler librement, parcouraient lentement plusieurs rues, même y séjournaient.

2.° Le *faubourg*, la *rue des Capucins*, le *Trou St.-Patrice*, la *Cour Barbotte*, et plusieurs rues du *Val-des-Prés*, étaient, avant Octobre, chargés de fumiers. Comme cela se pratique partout, malgré les défenses, on jettait sur ces fumiers, les immondices de toute espèce; et, dans la fosse des parges, ainsi qu'autour d'elle, croupissait une eau corrompue.

3.° Il existait au sud-ouest de la ville, un cloaque large et profond, situé au bas de la *rue d'Haptouté*, *à Breuil*, cloaque où les eaux pluviales, ménagères, et celles des fumiers de la moitié du faubourg, venaient s'amasser, au lieu de s'écouler au-delà.

4.° Il y avait, le long de la *Levée de Breuil*, au sud-ouest de la ville et à l'est du faubourg, un égoût découvert, large de 4 pieds, profond de 5 à 6, qui recevait les eaux pluviales, ménagères, et celles des fumiers de la partie est de Breuil. Des animaux morts de maladie, y étaient trop souvent jetés et enfoncés. Cet égoût aboutissait à un petit ruisseau, l'*Aouat*, qui devait entraîner ses immondices; mais le ruisseau se trouvant, depuis plusieurs mois, privé d'écoulement par l'obstruction accidentelle du pont de la *Levée de Breuil*, ses eaux et les immondices formaient une noue très-étendue.

5.° Les fosses d'aisance de la Caserne et celles de l'Hôpital, fort mal construites, exhalaient une odeur dont tout le voisinage se plaignait. (On y a remédié).

6.° Il se trouvait au sud-ouest du *Val-des-Prés*, dans la *rue du Four*, un égoût découvert, d'une très-grande longueur, étroit, mais en plusieurs endroits assez profond, lequel, après s'être dirigé d'une extrémité de la rue à l'autre, se rendait à la Meuse, en traversant plusieurs jardins. Cet égoût avait été ainsi disposé pour recevoir, par 2 à 3 canaux, toutes les eaux de la partie Ouest du *Val-des-Prés*; mais, les immondices de quelques fosses d'aisances s'y dégorgeaient également, et l'infirmerie des chevaux établie à l'ancien *Château-Bas*, y faisait écouler le sang des animaux qu'on y saigne fréquemment etc. Dans cet égoût, les eaux restaient constamment stagnantes faute d'une pente convenable.

7.° Les eaux et les immondices liquides du côté Est du *Val-des-Prés*, gagnent la Meuse en passant dans un aquéduc ouvert sous une maison, ensuite se dirigent à travers un pré. Là, un défaut de pente du terrain en retardait l'écoulement. Une grille les arrêtait pour y accumuler les parties molles et les convertir en engrais.

8.° Les boues de la ville n'étaient ramassées que deux fois la semaine.

Il était impossible de visiter plusieurs des lieux que je viens de citer, sans être pris de douleurs épigastriques, et même de vertiges. Des bulles, pendant les tems chauds et humides de la saison, s'élevaient lentement de l'eau de tous les cloaques, venaient s'ouvrir à leur surface, et répandaient les émanations qui frappaient l'odorat de tous les habitans.

On dira que tel était aussi l'état de ces lieux, en 1830, et que la dysenterie n'a pas alors paru à Commercy. Mais, pour rendre des dépôts putrides, malfaisans, il faut le concours d'une température élevée et d'une humidité constante; ce concours qui n'existait pas avant 1831, s'est présenté à la fin de l'été et pendant l'automne de cette dernière année. En effet, que faut-il pour exciter la fermentation, et la formation de gaz insalubres dans des amas de matières en partie animales, fort azotées? Une chaleur prolongée qui échauffe ces matières, et de l'eau qui les empêche de se dessécher. Puis, que faut-il encore pour rendre les gaz exhalés le plus malfaisans qu'il soit possible? Des froids nocturnes qui les condensent, leur fassent former une épaisse couche sur le sol, les convertissent en une atmosphère pestilentielle pour l'homme. Ces conditions se sont rencontrées. Il suffit de jetter un coup d'œil sur le tableau météorologique exposé pages 7 et suivantes, pour s'en convaincre.

Il se trouvait dans la plupart de nos villages des cloaques etc, comme à Commercy; mais, le peu de population d'une petite commune, atténue les effets pernicieux d'un air mal sain qui, d'ailleurs, est en trop faible quantité pour former un foyer d'infection très-nuisible. Il en est autrement dans une ville; et, bien que la nôtre soit peu étendue, le nombre des causes d'insalubrité y a été trop grand pour ne pas y avoir produit un effet prompt et intense. Cet effet s'est d'abord, et même principalement, fait ressentir près des lieux qui furent le siége de la fermentation putride. La *Caserne*, *Breuil*, la *rue des Capucins*, et le *Val-des-Prés*, ont été attaqués les premiers par le mal. Il y a été en raison de l'accumulation des individus dans les habitations, de leur malpropreté, de leur misère et de la difficulté du renouvellement de l'air dans les chambres.

On dira qu'il est singulier qu'un foyer d'infection

ayant existé à Commercy, de manière à y déterminer la dysenterie, et la répandre dans les communes voisines, cette maladie ne se soit pas propagée dans toutes les directions autour de la ville. Elle ne s'est portée de Commercy que vers le Sud-est, l'Est, le Nord-est, le Nord. Mais, la cause matérielle de l'épidémie étant à Commercy, cette cause y existant suspendue dans l'air, ce ne doit être que l'air qui aura porté le mal au-dehors ; les vents seuls ont pu devenir les agens de la transmission. Or, les vents, pendant que la maladie a régné, ont soufflé le plus constamment du sud-est, sud, sud-ouest, ouest et nord-ouest. En Septembre, Octobre, et pendant les 25 premiers jours de Novembre, on n'a remarqué de vents est, nord-est, nord, que 16 fois sur les 86 jours qui composent ces mois. Les villages situés dans les points d'où venaient les vents, ne pouvant recevoir les émanations parties de la ville, ont ainsi dû être épargnés et *vice-versâ*. Les vents nord-est, est et nord, d'ailleurs, au lieu de propager la dysenterie, la détruisent, comme tout le monde le sait. Ils s'accompagnent toujours de sécheresse et de froid, font cesser toute fermentation et émanation. Ainsi, eussent-ils soufflé, ils n'auraient pu produire l'effet des vents opposés. Il y eut 6 jours de vents nord et est à la fin de Septembre; on vit aussitôt diminuer la dysenterie, et l'on crut même à sa fin, mais les vents sud et ouest la firent reparaître. Ce sont là des faits qui me paraissent démontrer ce que j'ai avancé.

Cependant, ai-je dit, il y eut des dysentériques à Chonville, commune tout-à-fait à l'ouest de Commercy; et ces dysentériques y ont été observés au commencement de Septembre, à l'époque où les vents venaient de cette commune sur la ville. Mais la maladie parvint à Chonville par un mode de communication particulier que mainte fois j'ai pu noter, et dont je rapporterai plusieurs cas.

Marguerite Anselin, veuve Vivenot, de Chonville, âgée de 72 ans, vint à Commercy passer 8 jours chez son fils; elle y contracta la dysenterie, et revint aussitôt chez elle, craignant de succomber si elle demeurait plus longtems à la ville. De retour à Chonville elle refusa tous soins, soit médicaux soit de propreté; elle mourut bientôt, (le 6 Septembre). *Lucie* Fauchère, femme Muel, qui aida à porter en terre la défunte, éprouva aussitôt le même mal. *Philippe* Muel, son mari, qui habitait nécessairement sous le même toit, la contracta le lendemain. *Joseph* Thomas, qui mit le corps dans le cercueil, ne tarda pas à en ressentir les atteintes. Ces trois derniers guérirent. *J.-Cl.* Gervaisot, de Chonville, étant à Commercy, y fut pris de la maladie, et retourna chez lui où il s'est rétabli *Jean* Blaise, aussi de Chonville, a eu le flux sanglant, a-t-il dit, et sans communiquer ni avec la ville, ni avec des personnes malades, mais ce cas est incertain.

Deux personnes de Vertuzey ont également contracté la dysenterie, l'une en respirant l'air de Commercy, c'est *Chr.* Antoine, venu le 11 Octobre à la ville; l'autre est son fils, auquel il la communiqua le 20 Octobre en habitant sous le même toit. Ces deux personnes ont seules été atteintes à Vertuzey, et ont guéri en 15 ou 20 jours.

J'ai observé à Euville une suite de cas plus remarquables encore de transmission de cette nature. La veuve N. Martin, d'Euville, âgée de 62 ans, vient à Commercy soigner sa fille, femme Picquot, qui ne tarda pas à mourir d'une dysenterie aiguë. Cette veuve est prise de ce mal, le 11 Octobre; elle meurt en 5 jours à Euville, refusant tous soins, soit médicaux, soit de propreté. *Charles* Martin, son fils, l'a veillée du 15 au 16; il est atteint le 20 avec violence, et guérit le 27. Le 25, un de ses neveux, âgé de de 28 mois, y a succombé: la mère de cet enfant avait seule communiqué avec *Ch.* Martin et avec la veuve Martin, ses frère et mère. *Christine* Martin, sœur de *Charles*, est prise du mal le 25; elle avait constamment soigné sa mère chez laquelle elle demeurait; elle a guéri après 8 jours. *Ch.* Martin, âgé de 3 ans, petit-fils de la veuve Martin, demeurant dans la maison de son ayeule, a commencé à rendre du sang pur avec ténesme, le 25 aussi, et peu de jours seulement. L'enfant d'un voisin immédiat, *Joseph* Blanchefort, âgé de 10 ans, a, le 25 également, rendu du sang pur avec ténesme, ce qui dura quelques jours. La fille *Michel* Billon, âgée de 30 ans, a veillé deux nuits la veuve Martin;

elle a eu la dysenterie le 30 Octobre jusqu'au 12 Novembre. La maison habitée par la veuve Martin est située dans une rue basse, étroite, boueuse; elle est, certes, une habitation des plus mal-saines.

La femme Potier, demeurant à la forge de Boncourt, âgée de 28 ans, est prise de dysenterie à la fin d'Octobre; le mal ne dura pas au-delà de quelques jours; son mari en est bientôt atteint. La mère de la femme Potier vient de Boncourt leur donner des soins, elle ne tarde pas à contracter la même maladie. Tous ont guéri. Il est de remarque que les logemens des forgerons sont peu spacieux, et n'ont d'ouvertures qu'à l'ouest.

A Euville, eut lieu le cas de *cholera* rapporté, page 27 et suivantes. La ligne de maisons dans laquelle se trouvait celle habitée par la malade, s'étend du sud au nord. Chaque selle rendue par la cholérique était répandue derrière sa demeure. Or, les 27, 28 et 29 Octobre, le vent soufflait du sud, la chaleur variait de 13 à 16 sur 0; l'odeur des matières des selles était des plus infectes. Nécessairement, la chaleur dut dissoudre promptement, dans l'air environnant, les corpuscules miasmatiques exhalés, et le vent put les porter le long des murs, derrière les maisons nord. *Pierre* Ligier, âgé de 55 ans, voisin nord immédiat, travaillait alors dans son jardin et au milieu de cette atmosphère empestée. *Catherine* Guyot, la fille attaquée de *cholera*, meurt le 30; *Pierre* Ligier est aussitôt alité, le 1.er Novembre, avec une dysenterie qui l'emporte en 22 jours. On jettait aussi les déjections infectes de *Pierre* Ligier derrière son habitation. Le voisin nord de cette habitation, *Dominique* Mourot, homme infirme, quittait peu le lit, tenait sa fenêtre ouverte dans le jour, fenêtre donnant sur le jardin. Mourot ressentit bientôt l'effet des émanations des selles de Ligier. La dysenterie l'attaqua le 10 Novembre; il y succomba en 4 jours. Les 9 et 10 Novembre, le vent soufflait du sud-est, la chaleur ne variait que de 4 à 6 sur 0, mais le vent poussait directement les vapeurs méphitiques dans la chambre de Mourot.

Je pourrais citer d'autres cas de propagation analogue; je n'ai choisi que ceux qui sont certains, que j'ai étudiés moi-même, et dans lesquels la communication du mal s'est opérée de diverses manières en apparence, car elles sont les mêmes au fond.

Il s'est trouvé des circonstances où tout faisait présumer que la propagation aurait lieu, comme dans les cas ci-dessus, mais où les choses se sont passées autrement.

Un homme, *Pierre* Martin-Barrois, âgé de 27 ans, demeurant dans un village au sud-est de Commercy et voisin de cette ville, à Ville-Issey qui n'a pas souffert de l'épidémie, travaille 8 jours à Vignot pendant que la dysenterie y régnait avec intensité. Il quitte cette commune le 5 Novembre, pour aller à Pagny-sur-Meuse, à 2 lieues 1/2 sud-est de Commercy; il y demeure 5 jours. Là, il est pris de dysenterie, maladie qui n'avait pas paru à Pagny; il revient à Ville-Isscy dans son domicile où il s'est soigné et guéri au milieu de sa famille. Personne autour de lui n'a été atteint de son mal. Il avait pris la précaution de se tenir dans une chambre isolée, d'en renouveler l'air fréquemment, d'avoir du linge propre, et de faire vider au loin son vase de nuit après chaque selle, puis, chaque fois, d'exiger que l'on nétoyât bien ce vase.

La fille *Amélie* TABELLION, de Laneuville-au-Rupt, a le flux de sang à Commercy où elle est en condition; elle retourne chez ses parens, pendant 4 jours; là, elle ne communique son mal à aucun individu. Laneuville n'a pas eu de dysentériques; ce village est situé au sud de la ville.

Françoise BÉDÉE, de Lérouville, aussi en condition à Commercy, y a contracté la maladie, et est allée se soigner dans son village sans y propager son affection. Les dysentériques de Lérouville n'avaient pas fréquenté cette fille dont la demeure était, d'ailleurs, éloignée de celle des autres malades.

Quatrevingt-dix soldats du Train des Équipages militaires, atteints par la dysenterie, ont été en traitement à l'hôpital de Commercy pendant le mois de Septembre. On n'a pris aucuns soins particuliers contre la communication de leur maladie, autres que ceux de propreté, la ventilation des salles et l'enlèvement prompt des excrétions. Les militaires malades d'affections sporadiques, placés dans les lits voisins des dysentériques, les employés de la maison, les vieillards et les orphelines n'ont éprouvé aucun symptôme de dysenterie. Il en a été de même en ville, chez les personnes qui ont mis en usage les moyens hygiéniques convenables, pendant le cours du flux sanglant.

Il est clair, d'après ces faits, que le concours de la malpropreté, d'un air non renouvellé, et des effluves putrides provenant des selles de dysentériques, peut déterminer la propagation de la dysenterie d'individu à individu; mais, que ces circonstances n'ayant pas lieu, la communication ne s'opère pas. L'odeur pénétrante des matières fécales évacuées pendant la dysenteric, agit alors comme celle de toute substance animale en corruption. C'est ainsi que plusieurs étudians ont été pris de ce mal après avoir ouvert, à l'Hôpital de la Charité de Paris, un cadavre dont la décomposition était avancée; et, qu'un cerf à demi-putréfié que l'on transportait dans la ville du Caire, donna le flux de sang à tous ceux qui s'en approchèrent. La dysenterie que nous avons observée n'était donc pas *contagieuse*, selon l'acception de ce mot; mais elle pouvait se contracter par *infection*, au moyen du développement accidentel d'un foyer local formé surtout par les excrétions, comme elle se propageait de rue en rue dans la ville, puis de la ville aux villages voisins, au moyen du foyer général qu'établirent à Commercy les diverses circonstances rapportées plus haut.

Cette maladie, bien qu'existant dans sa plus grande simplicité, a enlevé beaucoup de monde. Sur 668 dysentériques, il est mort 54 individus, ou à-peu-près 1 sur 12 1/2. Pour ne pas paraître publier des assertions sans preuves, voici l'état des personnes qui ont succombé à la dysenterie.

A Commercy, 32 *décès sur* 500 *malades.*

SEPTEMBRE.

Anne-Caroline Tiqué, âgée de 8 mois; après 3 jours de maladie, morte le 4.

Catherine Blondeau, 12 ans; 6 jours de maladie, morte le 8.

Nicolas Tribolin, 69 ans; 11 jours de maladie, mort le 12.

Veuve Arnould-Jacquot, 83 ans; 4 jours de maladie, morte le 15.

Jean Guerder, 24 ans, soldat du Train; 17 jours de maladie, mort le 17.

Marie Vautier-Mangin, 39 ans; 21 jours de maladie, morte le 23.

OCTOBRE.

Jean-Baptiste Maucolot, 67 ans; 8 j. de maladie, mort le 2.

Nicolas Yard, 67 ans; 8 j. de maladie, mort le 12.

Marie-Anne Picquot-Martin, 35 ans; 15 jours de maladie, morte le 12.

Jacques Déliard, 54 ans; 45 jours de maladie; mort le 17.

Marie-Anne Enard-Volland, 56 ans; 8 jours de maladie, morte le 19.

Catherine Maillot, 8 mois; 6 jours de maladie, morte le 20.

Marguerite Henry, 20 ans; 14 jours de maladie, morte le 22.

Joseph-Jules Aron, 5 mois; 8 jours de maladie; mort le 23.

Marie-Anne Ravier-Louis, 36 ans; 12 jours de maladie, morte le 29.

NOVEMBRE.

François-Eugène Siquard, 5 mois; 24 jours de maladie, mort le 9.

Catherine-Marguerite Dumont-Friry, 53 ans; 42 jours de maladie, morte le 10.

Françoise Richard-Thouvenin, 58 ans; 27 jours de maladie, morte le 12.

Joseph Vautier, 8 mois; 12 j. de m., mort le 13.

Anne Jacquemin-Collin, 72 ans; 9 jours de mal., morte le 17.

Claude Viard, 66 ans; 53 jours de m., mort le 23.

DÉCEMBRE.

Pierre Dusseau, 8 ans; 17 j. de mal., mort le 2.

Louis Raffet, 55 ans; 104 j. de m., mort le 13.

Françoise Husson-Devaux, 67 ans; 89 jours de maladie, morte le 13.

Pierre Jacquemin, 76 ans; 75 j. de m.; mort le 25.

Jean-Baptiste Hachette, 2 ans 1/2; 8 jours de m., mort le 27.

JANVIER.

Marie-Anne Raffet, 60 ans; 4 mois 6 j. de malad., morte le 6 Janvier.

FÉVRIER.

Élisabeth Lefèvre-Coulon, 39 ans; 5 mois de m., morte le 9.

Thérèse Martin-Thierry, 61 ans; 3 à 4 mois de m., morte le 25.

MARS.

Marguerite Martin-Paul, 44 ans; 6 mois de mal., morte le 10 Mars.

Catherine Ricard, 32 ans; 5 mois 1/2 de maladie, morte le 4.

Anne Isambert, 75 ans; 6 mois de m., morte le 10.

A Vignot, 6 *sur* 100.

OCTOBRE.

Jean-Baptiste Philippe, 74 ans; 11 jours de mal., mort le 13.

Femme Jean, 22 ans; 5 j. de m., morte le 13.

Marguerite Bertrand, 40 ans; 15 j. de m., morte le 20.

Denaive, 75 ans; 17 j. de m., mort le 29.

DÉCEMBRE.

François Delignières, 75 ans; 24 j. de maladie, mort le 6.

Veuve MARTIN, 50 ans; tems inconnu de maladie, morte le 17.

A EUVILLE, 5 *sur* 28.

OCTOBRE.

Femme *Nicolas* MARTIN, 62 ans; 5 j. de maladie, morte le 16.

Un enfant de MARTIN-BARROIS, 28 mois 6 j. de maladie, mort le 30.

NOVEMBRE.

Dominique MOUROT, 56 ans; 4 j. de m., mort le 14.

Pierre LIGIER, 59 ans; 23 j. de m., mort le 23.

DÉCEMBRE.

Veuve HUSSON, 66 ans; 28 j. de m., morte le 14.

A AULNOIS, 1 *sur* 3.

JANVIER.

Marie COLLOT, 61 ans; 3 mois de m., morte le 14.

A RAULECOURT, 1 *sur* 2.

NOVEMBRE.

***, 60 ans; 24 j. de m., mort environ le 4 Nov.

A FRÉMEREVILLE, 2 *sur* 4.

NOVEMBRE.

Véronique RIVET, 7 ans; 9 j. de m., morte le 9.

Françoise RIVET, 10 ans; 15 j. de m., morte le 24.

A BROUSSEY, 3 *sur* 3.

DÉCEMBRE.

Charles HUARD, 56 ans; 10 à 12 j. de maladie.

Sébastien Laviron, 3 ans; 6 à 8 j. de maladie.

Marie-Victoire Colliaux, 3 ans; 6 à 8 j. de m.

A Bouconville, 1 *sur* 1.

SEPTEMBRE.

Fille Laviron, 14 ans; 8 j. de m., morte le 22.

A Girauvoisin, 1 *sur* 2.

NOVEMBRE.

Nicolas Lerouge, 10 ans, 6 j. de m., mort le 30.

A Lérouville, 1 *sur* 6.

NOVEMBRE.

Nicolas-François Denaive, 25 mois; 8 j. de mal., mort le 8.

A Chonville, 1 *sur* 6.

SEPTEMBRE.

Marguerite Vivenot, 72 ans; 6 j. de m, morte le 6.

A Jouys-sous-les-Côtes, St.-Julien, Boncourt, Girouët, Vertuzey, *point de mort*.

8 ont succombé en Septembre 1831; — 15 en Octobre; — 13 en Novembre; — 11 en Décembre; — 2 en Janvier 1832; — 2 en Février; — 3 en Mars. La mortalité augmenta donc jusqu'en Octobre, mois où elle fut à son plus haut point, puis elle décrut, mais plus lentement qu'elle ne s'était élevée. Elle eut lieu pendant 7 mois, tandis que la maladie n'attaqua les personnes que pendant 3 mois et demi; cette prolongation de la mortalité provient de l'état chronique que le mal prit chez plusieurs sujets.

La dysenterie des 54 sujets décédés, a duré de 3 jours à 6 mois : — 19 sont morts en 10 jours de maladie ; — 13 en 20 ; — 6 en 30 ; — 2 en 40 ; — 1 en 50 ; — 10 en 60 jours à 6 mois. Les autres, tems indéterminé.

Les individus qui ont succombé dans les 30 et 40 premiers jours, la maladie étant à l'état aigu, sont morts des suites de la douleur, de l'extension du mal dans tout le tube alimentaire, et des pertes abondantes par le bas. Les causes de décès, à dater du 40.ᵉ jour, furent, d'ordinaire, une phlegmasie gastro-intestinale, une inflammation lente des viscères de la poitrine, avec gonflement aux membres inférieurs, et excoriations à la région sacrée etc.

Les âges ont peu influé sur la mort, car, 17 décédés avaient moins de 20 ans, 17 plus de 60, et 20 de 20 à 60. Les sujets qui ont péri étaient des indigens pour la plupart, des personnes délicates, des femmes à l'époque du retour, des gens usant de médicamens contraires aux indications.

Il est mort très-peu de personnes bien logées, dans l'aisance, fortes, qui ont demandé des soins médicaux de bonne heure.

Les moyens généraux que prit l'autorité municipale pour préserver les habitans encore en santé des atteintes de la dysenterie, ont été la destruction de toutes les causes d'insalubrité qui existaient à Commercy et le nettoyement journalier de la ville. Une bonne nourriture, la propreté la plus exacte des maisons et des vêtemens, la ventilation des appartemens, l'exercice modéré en plein air et hors de la ville; tels furent les moyens hygiéniques particuliers conseillés aux habitans.

Quant au traitement, des personnes, bien intentionnées sans doute, ont préconisé l'usage de certains liquides, du lait principalement, auquel on ajoutait du papier en petits fragmens, de l'eau froide, du vin froid ou chaud, de l'eau-de-vie sucrée et brûlée, des décoctions de fruits astringens; mais, si quelques malades guérirent malgré l'emploi de substances proscrites par l'expérience, plusieurs de ces substances causèrent quelquefois des accidens terribles, même la mort; ce qu'ils eurent de moins déplorable fut la prolongation de la durée du mal.

La dysenterie qui s'est montrée, en même tems que la nôtre, dans plusieurs villes de la Lorraine, y a revêtu absolument tous les caractères que nous lui avons reconnus à Commercy. Les médecins, dans ces diverses localités, n'ont pas tous suivi exactement la même méthode de traitement.

A Pont-à-Mousson, la dysenterie épidémique parut dès la première quinzaine de Juillet 1831. Lors de l'invasion de la maladie, elle avait la bénignité de la dysenterie sporadique; on la traitait comme elle, par des lavemens mucilagineux et anodins, par la diète lactée : il suffisait de sept à huit jours pour la guérir. Elle augmenta d'intensité pendant le mois d'Août ; il fallut assez souvent appliquer des sangsues à l'anus et même sur le trajet du colon, faire des embrocations avec le *Baume tranquille* sur l'abdomen, poser des cataplasmes mucilagineux sur la même région ; on a même été jusqu'à ajouter 15 gouttes de *Laud. de Syd.*, à des demi-lavemens pris deux fois par jour. Les mois de Septembre et d'Octobre, ont présenté la maladie au plus haut degré de violence ; alors, les pilules d'extrait aqueux d'*opium* à la dose d'un grain, administrées deux à trois fois la journée, ont eu du succès, ainsi que les potions gommeuses *thridacées* et *opiacées*. L'extrait de *belladone* fut mis en usage utilement, quand le gonflement de la muqueuse du rectum gênait les évacuations, gonflement qui suit d'ordinaire l'irritation prolongée de cet intestin. Le sirop de *ratanhia* compta des réussites, employé à la fin de la maladie, quand l'exhalation sanguine paraissait ne plus provenir que du relâchement qui s'observe souvent après les vives phlegmasies du gros intestin. (*Communiqué par les docteurs* DONOUX et HÉRIOT, de Pont-à-Mousson).

La dysenterie épidémique fut très-bénigne à Lunéville. Le traitement antiphlogistique combiné, après quelques jours, avec les préparations opiacées, a le plus souvent réussi. L'opium était donné dans des boissons et en lavement. (*Communiqué par M. le docteur* CASTARA, de Lunéville).

Les médecins de St.-Mihiel qui ont eu à traiter

un certain nombre de dysentériques, (page 34), ont attaqué le mal uniquement avec les opiacés.

Le médecin qui exerce avec le plus de succès à Gondrecourt, et qui a soigné la plupart des personnes affectées de la dysenterie (page 34), dans cette ville et dans les communes voisines, appliquait dès le début 15 à 20 sangsues, soit sur le ventre soit à l'anus. Il prescrivait l'eau de veau ou de poulet, chargée de gomme arabique, ou une émulsion d'amandes douces. Il faisait faire sur le ventre et sur l'anus, des fomentations avec du lait ou de l'eau de graines de lin. Ces fomentations sur l'anus suppléaient aux lavemens amylacés donnés plus tard, et qui, au commencement des souffrances, ne peuvent être pris à cause de la fréquence des ténesmes. Après quelques jours de la durée de la maladie, il conseillait les grands bains d'eau tiède, ou de vapeur simplement aqueuse sous la couverture, quand les individus étaient trop faibles pour être placés dans une baignoire. Enfin, il recommandait la diète la plus sévère. (*Communiqué par M. le docteur* Roussel, de Gondrecourt),

Quelques personnes ont, soit à Commercy soit dans les campagnes, traité et guéri la dysenterie qui les affectait, par les vomitifs. Voici l'observation d'un malade, M. Duvivier aîné, de la ferme de Girouët, qu'il m'adressa lui-même, sur l'emploi de ce genre de médication : « Le 25 Novembre, je fus attaqué du flux de sang, sans avoir rien ressenti d'avance qui put me faire croire que je serais bientôt malade. Ce que je rendais le premier jour, était gluant et d'un rouge assez foncé, et j'éprouvais de fortes coliques; le lendemain, les coliques étaient encore plus violentes, je rendis le sang pur; pendant la nuit, j'eus une fièvre de la plus grande intensité. Dans cette seconde journée et dans les suivantes, je bus du lait d'amandes, dans lequel on mit de l'opium, je pris des lavemens de guimauve et de graines de lin, on y ajoutait d'ordinaire un peu de ma boisson. Le troisième jour, je me purgeai fortement avec trois grains d'émétique, dissous dans un verre d'eau, bu en 3 fois, à une heure de distance chaque fois. L'effet du vomitif fini, le sang disparut entièrement, mais j'avais encore quelques coliques; j'étais si faible qu'à peine pouvais-je me soutenir. Le soir, je bus un demi-verre moitié eau moitié vin; un quart-d'heure après, je mis bas de nouveau un peu de sang, ce qui fut attribué au vin; aussi, je restais 5 à 6 jours sans en boire. J'ai éprouvé un mieux soutenu, et pour le 9.e jour j'étais entièrement rétabli. Le lendemain et le surlendemain de mon vomitif, je bus de la limonade dont je me trouvai bien. Pendant les quatre premiers jours, j'observai une diète sévère, mais sans peine, car je n'avais pas le moindre appétit. Dès le 10.e, il était parfaitement revenu; cependant, je fus trois jours sans le satisfaire entièrement. »

M. Duvivier s'est soigné suivant la méthode laissée

dans sa famille par un de ses oncles feu COUTURIER, médecin à Sampigny, qui le mit en usage avec succès sur plus de 700 personnes lors de l'épidémie de 1794, épidémie en tout semblable à la nôtre.

Bien que le traitement par les alcooliques, soit des plus blâmables, et qu'il puisse causer des accidens déplorables, il est cependant susceptible, en quelques circonstances, d'opérer la guérison de la dysenterie et même très-promptement. J'ai vu des individus rendus bientôt à la santé, par l'usage de l'eau-de-vie brûlée ou du vin chaud; d'autres, voulant obtenir les mêmes résultats, ont échoué, et, bien qu'ayant suivi de point en point les *recettes vulgaires*, se sont trouvés ensuite dangereusement malades.

J'en dirai autant des purgatifs salins que plusieurs personnes ont employés avec un succès très-varié. Cependant, quand ils n'ont point amené la guérison, ils n'eurent pas une influence fâcheuse sur la maladie.

Le traitement que je mis d'abord en pratique à l'hôpital, puis en ville, pendant les premiers jours de Septembre, fut complettement anti-phlogistique: Diète des alimens, boisson gommeuse, lavemens émolliens, bains, fomentations adoucissantes, applications de sangsues, 20 à 30 sur le ventre et à l'anus, même saignée générale. Je puis dire que sur les sujets forts, proprement alités, placés dans une chambre aérée, et atteints à divers degrés, le mal diminuait d'intensité, et que, dans tous les cas, les malades guérissaient assez promptement; mais, bien que la guérison fût accomplie, même chez les sujets placés dans des conditions défavorables, j'ai trouvé plus d'avantage à me dispenser le plus possible des évacuations sanguines, et à seconder le traitement par l'administration d'un médicament actif qui put modifier directement l'état morbide de l'intestin.

En effet, une maladie que l'on peut appeler un *empoisonnement miasmatique joint à une inflammation*, ne doit pas être attaquée comme une *phlegmasie franche*, surtout quand elle atteint spécialement les individus les moins vigoureux et les plus exténués. En débilitant le sujet, faible déjà avant l'invasion du mal, abattu encore par ce mal, on ne donne que plus de prise à la cause sans cesse agissante.

Si la méthode anti-phlogistique, dans toute sa rigueur, saignées générales et saignées locales réitérées etc., peut être choisie parmi toute autre, contre des affections épidémiques miasmatiques, ce n'est que quand les divers moyens qui en diffèrent, échouent. Or, il est possible d'attaquer avec succès la dysenterie avec les *vomitifs*, avec les *purgatifs* et avec l'*opium*. J'ai répugné de me servir des deux premiers médicamens trop dangereux à manier, mais qui cependant, ainsi que je l'ai dit, ont eu des succès. J'ai combiné selon les cas, l'opium aux anti-phlogistiques très-ménagés, tels que les bains, les fomentations, les applications de quelques sangsues, et d'ordinaire même je n'ai administré que l'*opium* dissous dans de l'eau sucrée, ou le *laudanum* également dans ce liquide.

Persuadé que, pour obtenir le plus de réussites possibles dans le traitement des maladies épidémiques, il faut simplifier les moyens que l'on a trouvés convenables à leur opposer, et les mettre ainsi à la portée de tout le monde, je me suis conduit de la manière suivante. Quand la dysenterie était aiguë : Diète complette des alimens; eau de riz légère et peu sucrée, pour tisanne (une cuillerée de riz dans un litre d'eau), dont on n'accordait qu'un tiers de verre à la fois; *Laudanum de Syd.* gouttes XL à L dans six onces d'eau édulcorée avec le sucre ou le sirop de gomme; on faisait prendre cette potion en 24 heures aux adultes, et par cuillerées à bouche données plus ou moins fréquemment, selon le degré d'intensité des coliques; le tiers ou la moitié de la dose suffisait aux enfans, aux sujets délicats. On continuait jusqu'à suspension des selles et leur décoloration; puis, on suspendait l'usage de l'opium, pour y revenir, si le sang se montrait de nouveau; dès que les ténesmes diminuaient de violence, on administrait quelques lavemens d'eau de guimauve et de tête de pavot. Je réservais les bains, fomentations, saignées, sangsues, pour les cas de compliation très-rares d'irritation gastrique, etc. Le lait coupé d'eau de riz était accordé au malade, aussitôt que la fièvre, les coliques et les selles sanglantes passaient; on diminuait la rigueur du régime, quand le dysentérique reprenait ses forces. Si j'étais appelé pour traiter l'affection déjà à l'état chronique, je donnais l'eau de riz édulcorée selon l'ancienneté du mal, soit avec le sirop de gomme seul, soit avec le sirop de coing; je prescrivais le *Laudanum de Syd.*, gouttes X à XX par 24 heures, uni au *cachou* ou à la *gomme kino* ou au *ratanhia*; je recommandais les lavemens amylacés; enfin, je faisais appliquer un vésicatoire sur l'abdomen ou seulement un emplâtre stibié. La diète, quand le malade pouvait encore la supporter, et des bouillons soit de poulet soit de grenouilles, ou du lait coupé, secondaient la médication. Les décoctions de tête de pavot en boisson et en lavement, ont suffi chez beaucoup de pauvres et d'habitans de la campagne pour guérir la dysenterie, surtout quand elle était peu intense. Je crois qu'il eut été impossible de recommander des modes de traitement plus faciles à mettre en usage, moins gênants et moins coûteux que ceux que je viens d'exposer. Ils ont eu un plein succès.

L'*opium*, disons-le, tour-à-tour a été vanté et décrié comme médicament héroïque contre la dysenterie. Il est certainement, ainsi que l'expérience le prouve, tantôt un agent thérapeutique excellent à opposer à cette maladie, tantôt une substance des plus nuisibles à employer pendant son cours. Si l'on étudie les causes de cette singularité, on voit qu'elle tient moins au genre d'action de l'opium, qu'à l'espèce de dysenterie que l'on traite. Quand l'*estomac* et l'*intestin grêle* sont affectés, il est alors un vrai poison qui aggrave l'état de ces viscères, et augmente la congestion encéphalique si ordinaire dans la gastro-entérite; tandis que le gros-intestin étant seul malade, on n'en retire que de bons effets. Or, dans notre épidémie, ce dernier intestin souffrait uniquement, du moins pendant la première période d'acuité de la dysenterie. En lisant les diverses relations d'épidémies dysentériques, on y voit louer les opiacés lorsque la maladie était simple et sans complications; on y voit aussi que, lorsqu'elle s'accompagnait de désordres gastriques, de fièvres bilieuses, adynamiques, ataxiques, surtout qu'elle offrait des caractères typhoïdes, affections fébriles dans lesquelles l'estomac et l'intestin grêle sont vivement irrités, l'opium, sans modifier heureusement l'inflammation hémorrhagique, portait un trouble souvent mortel dans toute l'économie.

Voici quelques observations que j'ai faites sur l'efficacité de l'opium dans les cas de dysenterie simple.

1.ère *Observation.* — M.me V.e Villaume, de Commercy, âgée de 44 ans, grasse, d'un tempérament sanguin des plus prononcés, fut prise le 14 Octobre 1831, d'une diarrhée jaunâtre sans colique, qui continua jusqu'au 20. Les selles étaient rendues environ vingt fois par jour. Le 20, du sang paraît dans les selles qui, bientôt, ne consistent qu'en sang pur. La malade va du ventre, quatre-vingts fois à-peu-près par 24 heures; elle éprouve des coliques vives, dans le trajet du rectum et du colon descendant; le ténesme est des plus insupportables; peu de fièvre. Mme V. se met au lit, ne prend que du lait coupé et de l'eau sucrée, jusqu'au 26, sans diminution du mal; alors je suis appelé. Je trouve la malade agitée d'une fièvre des plus ardentes, avec céphalalgie, insomnie, perte d'appétit, mais *langue naturelle, humide, région épigastrique indolente même à la pression*, ventre mou, non météorisé, sensible à gauche et en bas. Le visage était très-injecté, la peau sèche, les urines presque supprimées, ardentes; le pouls dur, plein, donnait 115 pulsations par minute; coliques sourdes devenant des plus violentes, à chaque besoin d'aller; les selles étaient très-rapprochées, mais en petite quantité, mêlées de sang et de glaires épaisses, rendues avec beaucoup de cuisson; soif très-grande. (*Prescr.: Diète, tisane de riz, Laud. de Syd., gouttes XL dans eau huit onces, à prendre en 24 heures, saignée de 3 à 4 poëlettes*). La saignée est remise au lendemain, quelque cause particulière commandant ce délai; mais les médicamens sont administrés. Je craignais beaucoup l'effet d'un narcotique aussi puissant que l'opium, sur une personne dans une disposition voisine de l'apoplexie, telle que le paraissait Mme V. Mes appréhensions furent dissipées à ma visite du lendemain 27. Le mal de tête était en partie calmé, le visage moins rouge, la peau humide, les selles moins douloureuses, mais aussi sanglantes et fréquentes. Pouls, 100 pulsat.; il est moins dur et diminué de volume. (*Même prescr.*, *excepté la saignée regardée comme inutile*). Le 28, il y a eu beaucoup de sueurs, un peu de sommeil, seulement 8 selles en 24 heures, elles commencent à jaunir; le ventre est presqu'indolent, des coliques à peine; les urines coulent, même hors le moment des évacuations diarrhéiques, ellet sont peu rouges; pouls, 80, et, d'ailleurs, naturel. (*Même prescription*). Quelques selles ont lieu dans le jour et dans la nuit; les dernières sont jaunes entièrement, moins liquides, moins puantes. Le 29, convalescence. (*Prescr.: Eau de riz*, *coupée d'un quart de lait*, *Laud.*, *gouttes XX dans eau sucrée pour 24 heur.*). Le mieux-être continue. La dose de *Laudanum* est diminuée, celle du lait augmentée. Tous les jours, 1/2 lavement d'eau de guimauve et de tête de pavot. Quand le lait pur peut être digéré, sans inconvénient, bouillon léger etc.

Les guérisons ont presque toutes été aussi promptes que cette dernière, quand les malades appelèrent de bonne heure, sans avoir employé de moyens propres à aggraver leur état, surtout d'irritans de l'estomac; enfin, quand logés sainement, ils avaient tous les soins de propreté convenables, buvaient leur tisane chaude en petite quantité à la fois, et se tenaient très-couverts au lit. Il est étonnant quelles doses d'opiacés, ont pu supporter certains individus, sans signes de narcotisme, et sans irritation gastro-intestinale. Je suis persuadé que, dans la dysenterie, maladie où tout ce qui est déposé dans l'estomac est bientôt précipité hors du corps par les selles, l'opium est à peine absorbé, qu'il n'a qu'une action locale sur le gros intestin, après laquelle ce médicament est rejetté avec les matières alvines. Je pense que toute cause qui s'opposerait à ce qu'il cheminât de l'estomac vers le colon et le rectum, en empêcherait les bons effets. Sans doute qu'on réussirait à obtenir ceux-ci, en le donnant dès l'abord en lavement, si les épreintes n'empêchaient d'administrer des clystères pendant l'époque où son action est le plus nécessaire.

2.e *Observation.* — M.me Micaut-Delicnères, de Vignot, âgée de 30 ans, tempérament lymphatico-sanguin, habite dans une rue très sale, une maison humide et peu aérée. Elle éprouve du malaise en travaillant à la vigne, les 21 et 22 Octobre; elle a beaucoup de baillemens, de pandiculations, mais toujours appétit et bonne digestion. Le 23, le malaise augmente, il est accompagné d'anxiété dans les membres. Le 25, elle vient au marché de Commercy; là, frisson, puis froid partout le corps; de retour à Vignot, elle déjeûne néanmoins, et va au travail. Alors, plusieurs selles jaunes, non sanglantes. Le soir elle soupe sans appétit. A peine au lit, coliques violentes dans tout le trajet du gros-intestin, depuis le cæcum jusqu'à l'anus; ténesmes des plus douloureux, puis, à chaque effort pour aller, du sang pur est rendu. Il y a de cinquante à soixante selles dans les 24 heures. Je suis appelé le 25, à 7 heures du soir. Voici l'état de la malade à ce moment. Visage fort coloré, chaleur brûlante de tout le corps, peau sèche, soif inextinguible, céphalalgie très-grande, respiration accélérée, pouls large, mou cependant, coliques permanentes augmentant à chaque selle, *langue un peu colorée*, *mais humide*, *région épigastrique assez sensible*, *point d'envie de vomir*. On ne peut poser la main sur les flancs, les régions ombilicale et hypogastrique sans faire jetter des cris à la malade. L'urine est en petite quantité rendue à chaque besoin d'aller, par gouttes brûlantes. Plaintes continuelles. Les lombes et les membres sont douloureux. (*Presc.: Eau de riz*, *diète*, *Laud.*, *gout. XL dans eau sucrée*, *pour la nuit*). 26 matin : la nuit a été calme ; 3 selles seulement, mais sanglantes ; le mal de tête est appaisé presque complettement ; pouls 90 ; les urines ne sont plus ardentes. *Deux légers vomissemens de glaires et de bile.* Langue nette, pâle, humide ; *la région épigastrique toujours un peu sensible.* Les coliques, le ténesme supportables. (*Presc. : Diète*, *eau de riz*, *Laud. gout. XL dans eau sucrée pour 24 heures*). Le soir, les vomissemens reviennent avec des douleurs épigastriques. (*Presc. : 12 sangsues sur le creux de l'estomac*) ; mieux être, nuit tranquille, un peu de sommeil, plus de plaintes, 4 selles sanglantes, pouls 90, mou. Le 27, le mieux être continue, le ventre est peu sensible, ainsi que l'épigastre; visage épanoui. (*Presc. : Deux demi-lavemens d'eau de guimauve et de têtes de pavots N.° 2, pour chaque demi-lav., fomentation* id. *sur le creux de l'estomac; diète, eau de riz, suspension du Laud. pour le jour, il sera donné la nuit à l'ordinaire*). Le 28, il n'y a eu qu'une seule selle la nuit, région de l'estomac peu sensible, bouche naturelle, peu de coliques, même pouls. (*Presc. : Eau de riz, diète, deux demi-lavemens*, ut suprà). Le 29 : Une selle de jour la veille, et une la nuit, mais jaune; pouls 90, petit, mou; bouche humide, sueur, tête libre; (*Presc. : Encore deux demi-lavemens*, ut suprà. *Du reste à l'ordinaire à l'exception du Laudan.*). Le 30, aucune douleur nulle part, selles jaunes, moins liquides, l'une la nuit, l'autre la veille, de jour. (*Presc. comme le* 29). La faim se manifeste le 31, pouls 70. Convalescence. (*Presc. : Lait coupé d'eau de gomme*). Plus tard lait pur, puis bouillon. Quinze jours après, le flux sanglant a un peu reparu, puis s'est dissipé de lui-même; mais il faut observer qu'alors plusieurs dysentériques se trouvaient dans la même maison.

Ce cas est remarquable par une légère complication gastrique qui, cependant, n'a pas empêché l'usage de l'opium ou du moins n'en a pas interrompu tout-à-fait l'administration. Il est remarquable, aussi, par les effets de ce médicament sur un estomac déjà irrité qui menaça bientôt de s'enflammer sous son influence. On conçoit par là que son emploi soit dangereux lorsqu'il y a complication de gastro-entérite, et, surtout, quand il y a fièvre grave concomitante. Certainement, M.me M. n'eut pu guérir par les vomitifs, ni par les purgatifs; elle aurait, au contraire, bientôt contracté une affection maligne ou putride. Les anti-phlogistiques seuls l'auraient débilitée considérablement, sans peut-être maîtriser le mal, vu les conditions insalubres de l'habitation. L'opium, aidé de quelques anti-phlogistiques, était indiqué, et le succès en a justifié l'emploi.

3.e *Observation.* — *Émilie* George, de Vignot, âgée de 8 ans, est prise de dysenterie assez intense le 17 Septembre 1831. Elle refuse, dès lors, toute nourriture, et ne boit que de l'eau. Appelé près d'elle le 25, je la trouvai au lit, très-maigre, pâle, excessivement faible, elle allait de 150 à 200 fois du ventre par 24 heures, peu à la fois, mais toutes les selles étaient teintes de sang. Pouls 100, petit: peau brûlante, sèche; anorexie; soif; coliques vives et ténesme chaque fois que la malade va à la selle; ventre partout très-douloureux à la pression; urines rares et brûlantes au passage; bouche sèche, langue un peu rouge; sensibilité épigastrique et envies de vomir; céphalalgie. (*Presc. : Je n'ose appliquer des sangsues sur le creux de l'estomac, à cette enfant si exténuée ; je me borne à donner l'eau de riz, le Laudanum de Syd. à la dose de 20 gouttes dans eau six onces pour 24 heures, et deux quarts de lavement d'eau de têtes de pavot et de guimauve*). Le 26, mieux marqué. Le mieux continue jusqu'au 29, époque où les selles sont jaunes, rendues seulement 7 à 8 fois en 24 heures. Jusqu'ici le traitement avait été le même. On cesse le laudanum, mais on continue les lavemens et l'eau de riz, en coupant celle-ci d'un tiers de lait. Jusqu'au 30, l'enfant continua à se remettre, les forces et l'appétit revinrent, et elle commenca à sortir.

L'indication des émissions sanguines était évidente, mais l'enfant aurait été peut-être jettée par leur emploi, dans une faiblesse de laquelle elle n'aurait pu relever. L'opium seul, malgré son action irritante sur un estomac déjà phlegmasié, n'a pas moins suffi pour amener une guérison prompte et solide.

L'observation suivante présente l'exemple d'une dysenterie aiguë et d'une dysenterie de forme chronique qui se sont succédées chez la même personne. Quoique la dernière affection ait terminé les jours de la malade, l'histoire complette de la marche des deux maladies est intéressante sous bien des rapports.

4.e *Observation.* — Mme V.^e D*****, de Commercy, femme très-replette, très-sédentaire, éminemment sanguine et nerveuse, âgée de 53 ans, sujette à des pertes fréquentes dues au retour, mais qui, ne s'étant pas manifestées depuis trois mois, ont occasionné en Août, une pléthore pour laquelle je l'ai alors saignée. L'appétit et la digestion ne s'étaient pas dérangés avant le 27 Septembre 1832, jour où se montrèrent les symptômes d'une indigestion. (*Diète, eau sucrée*). Le 28, deux selles composées uniquement de sang (d'un à deux verres chacune); coliques, ténesmes, pouls 90, chaleur légère à la peau. (*Même prescription; en outre, 1/2 lavement avec Laud. de Syd., gouttes XV*). Le 29, même état, même prescription; la malade refuse toute boisson qui a quelqu'odeur ou quelque saveur. Il existe des hémorrhoïdes souvent fluentes; en ce moment elles deviennent douloureuses. (*Même traitement*). Le 3 Octobre, convalescence. Elle sortit guérie le 7, même elle se promena hors de la ville; mais elle prit trop d'exercice et mangea de la pâtisserie, d'où il résulta une indigestion la nuit du 18. Les symptômes ordinaires de la dysenterie reparurent le 19. Comme le pouls est petit, mou, bien que fréquent, et que la malade a été débilitée, amaigrie par l'affection qui a précédé, je ne puis appliquer des sangsues à l'anus et à l'épigastre, saignée capillaire indiquée. (*Presc.: Bain entier, eau édulcorée avec le sirop de gomme, lavement laudanisé*). Le bain est refusé opiniâtrément. Sommeil la nuit; 4 selles peu sanglantes, mais très-puantes. (*Même presc.*). Le 22, le pouls s'est relevé; plus de sang dans les selles, celles-ci sont jaunes. Le ventre est peu sensible excepté dans le trajet du colon descendant et du rectum. L'épigastre n'est pas douloureux; la langue est nette, humide; les urines sont copieuses, peu colorées. (*Presc.: lavement amylacé, eau de poulet et eau de gomme*). Les jours suivans, les traits expriment de l'abattement, le visage est pâle, les forces diminuent, cependant la malade veut toujours se lever pour aller à la garde-robe ; les selles sont rendues moins copieuses, mais de 10 à 12 fois en 24 heures. Comme il n'y a plus de fièvre, que l'estomac est sain, je conseille des bouillons de bœuf léger, je fais ajouter du *cachou* aux lavemens amylacés, et je propose un vésicatoire sur le bas-ventre ; ce dernier est refusé. Le bouillon de bœuf semble augmenter la fréquence et la quantité des selles, on le remplace par le bouillon de poulet et le lait coupé. Le 26 et le 27, mieux marqué, continuation du régime. Le 31, plusieurs vomissemens glaireux. Le lait coupé, seul, passe bien, et n'excite pas de nausées. Continuation des lavemens amylacés simples ou unis à des astringens en faible proportion. L'amaigrissement, le dévoiement, la faiblesse font des progrès ; rétention d'urine. Mort le 10 Novembre.

Les difficultés d'un traitement quelconque se multiplient, quand le malade a été affaibli par une affection antérieure, quand il ne peut vaincre sa répugnance pour les boissons sapides ou odorantes, et qu'il s'effraye à tel point des applications à la peau de toute espèce, qu'on ne peut l'engager à les supporter, surtout, si l'on a à soigner une femme à l'époque critique, habituellement dans un état de malaise et de trouble nerveux. C'est ce que j'ai éprouvé chez Mme D.... lorsqu'à la suite de sa première dysenterie, elle a eu une rechute ; alors le mal a passé avec promptitude à l'état chronique, et la mort en a été la terminaison rapide, terminaison qui n'aurait eu lieu que bien plus tard, sans la dététioration de l'économie produite par la première maladie.

4.° ROUGEOLE ÉPIDÉMIQUE.

La rougeole est une maladie dont les symptômes, la marche et la terminaison sont trop connus, pour qu'il soit nécessaire de les rappeler ici. Il suffit de dire quelques mots seulement sur les principales circonstances de son invasion, de ses phases, de sa durée et des accidens tels qu'ils se manifestèrent pendant le cours de notre épidémie. Après une toux d'un à deux jours, même beaucoup plus prolongée, l'éruption apparaissait avec un appareil fébrile d'ordinaire assez prononcé, de l'anorexie, de la soif; une toux sèche, gênante, d'autant plus vive que le canal alimentaire souffrait moins, existait alors; si ce canal donnait des signes d'irritation, tantôt elle se trahissait par des vomissemens et de la constipation pour l'irritation de l'estomac, tantôt c'était par une diarrhée opiniâtre que cette même irritation se montrait dans les intestins. Des vers lombrics se voyaient le plus souvent, en nombre variable, dans les selles et même dans les matières vomies. Tous ces phénomènes subsistaient après l'affection cutanée éteinte, et quelquefois s'aggravaient à tel point qu'ils déterminaient des troubles plus graves que ceux produits durant la maladie. L'éruption paraissait communément autour des yeux qui devenaient un peu rouges, puis, au front, au visage, au dos, aux membres et successivement aux autres régions du corps. En général, les taches boutonneuses étaient petites, assez rapprochées. Quelques sujets en offrirent de larges et de fort élevées, ce qui constitue la *piquerole* de certains auteurs. Après trois jours, un peu plus, un peu moins, s'opérait l'extinction de la rougeur, et l'exfoliation commençait à avoir lieu. Les hémorrhagies nasales, au moment de l'apparition des taches, se manifestaient souvent, et présageaient toujours une terminaison heureuse. Beaucoup d'individus eurent du délire.

La chaleur vive et humide des jours, pendant les mois d'Août, Septembre, Octobre, succédant à des nuits fraîches; puis, le froid humide, le froid vif et sec de l'hiver qui vinrent ensuite, modifièrent dans toutes les localités, selon leur situation topographique, selon la disposition des habitations, et selon l'âge des malades, la marche et les terminaisons de la maladie. En général, pendant les chaleurs l'éruption plus facile, devenait aussi plus animée, plus confluente, et l'irritation des muqueuses sus-diaphragmatiques était moindre que celle du canal alimentaire. L'inverse avait d'ordinaire lieu lors des froids. Tout l'appareil muqueux devenait le siége d'un état phlegmasique général très-prononcé dans les tems humides successivement froids et chauds, ainsi que dans les habitations où régnaient ces conditions de l'air. On n'a pu, pendant la durée de l'épidémie, corriger la constitution physique de l'air des chambres, de manière à en neutraliser entièrement l'influence, aussi, c'est principalement à cette influence que furent dus les accidens que je vais signaler.

Lorsque la rougeole se manifesta à Frémeréville, en Septembre et Octobre, la diarrhée épidémique se montrant encore dans le canton, il ne fut pas étonnant de la voir coexister avec la rougeole, en devenir le symptôme dominant et même mortel; en effet, 9 enfans de moins de 3 ans y succombèrent, 10, 15, 20 et 30 jours après l'éruption passée. Ils avaient tous un flux jaune, de tems en tems verdâtre, avec une petite fièvre, le ventre tendu, gonflé; la plupart vomissaient des mucosités; soif vive; amaigrissement rapide, pâleur. Cependant, de bons soins enrayaient promptement l'affection digestive, à moins qu'il n'existât en même tems une phlegmasie de la poitrine.

L'effet du froid se faisait sentir d'une manière prompte et violente, sur les sujets atteints de rougeole. Cet effet avait lieu surtout durant la nuit, époque où la température de l'atmosphère est la plus basse, où le feu des cheminées n'est plus entretenu, et où la fièvre a un redoublement marqué. Alors la chaleur du lit et même celle des boissons, en tenant le corps presqu'en sueur, rendait plus vive l'impression du froid sur la muqueuse laryngo-bronchique. La toux devenait comme croupale tout-à-coup, et le malade mourait avec des signes d'apoplexie. Je n'ai pas observé dans ce cas de fausses membranes, j'ai attribué la mort à l'œdème de la glotte. Une bronchite sur-aiguë ou une pneumonite foudroyantes, se montraient chez d'autres individus, et les enlevaient bientôt. Des otites, des opthalmies se développaient en quelques heures et arrivaient promptement à un haut période. Il en est resté à certains malades des taches à la cornée, d'autres désordres du globe oculaire, des écoulemens par le conduit auditif, la perte de l'ouïe etc. J'ai vu plusieurs exemples de vive phlegmasie de la vessie chez les deux sexes et des parties génitales externes chez les petites filles, des éruptions buccales aphtheuses, des coryzas opiniâtres, des gastrites mortelles par elles-mêmes, des entérites aussi graves avec fièvre de mauvais caractère, des arachnoïdites, ou de simples congestions sanguines sur l'encéphale, suivies de mort prompte. Il est des enfans qui n'ont succombé qu'aux suites de ces maladies passées à l'état chronique.

L'intensité de la maladie a singulièrement varié dans les diverses communes, pendant le même tems. Bien que la température froide ait occasionné le plus d'accidens, l'épidémie n'a pas eté moins meurtrière dans les villages où elle a régné pendant les chaleurs. Commercy a eu à-peu-près 500 malades ou le 8.e de sa population; la même proportion s'est rencontrée dans la plupart des autres localités. Il y eut cependant des endroits où le mal a sévi sur un nombre plus considérable d'habitans ; ainsi, à Gironville, environ moitié des individus ont été attaqués, tandis que Aulnois, Euville ne virent que peu d'enfans atteints, et que Sampigny, Sorcy, n'en eurent que 3 à 4 de malades.

En général, ce sont les enfans qui ont été victimes de l'épidémie. Cependant, dans presque toutes les communes il y a eu des adultes soumis à son influence, et même chez eux l'affection était plus grâve. On vit une exception à cette sorte de prédilection que l'on connait à la rougeole pour le jeune âge. On a remarqué qu'à Gironville il y avait beaucoup plus d'individus malades de 15 à 40 ans qu'au-dessous. J'y ai compté à-peu-près 60 grandes personnes qui furent prises de rougeole.

Les précautions hygiéniques les plus minutieuses ont été recommandées aux parens des malades selon la nature des symptômes dominans et les accidens qui se manifestaient. La diète absolue, les boissons gommeuses à toutes les époques de la maladie, les applications de sangsues sur les régions correspondantes aux organes affectés, ont eu des succès nombreux. Le régime excitant mis en usage par beaucoup de personnes n'a réussi que sur les enfans robustes qui ont pu résister au mal et au traitement, il a été funeste à bien des malades.

La plus grande singularité qu'ait présentée la rougeole qui a exercé ses ravages dans notre pays, est sa marche de commune en commune, depuis l'été jusqu'à présent, fin de Mars 1832, époque où elle parait enfin avoir cessé.

Elle n'a pas été d'un endroit à un autre, régulièrement, de manière qu'en inscrivant les communes affectées les unes après les autres, on n'indiquerait pas la marche de la maladie. On peut, pour mieux suivre cette marche, diviser le cours de l'épidémie en 3 points de départs ou foyers, d'où ensuite elle s'est propagée. Je donnerai en même tems la durée de son règne dans chaque localité.

Le premier foyer épidémique ou point de départ, a existé à St.-Julien, en Août 1831. Delà, la maladie, en se répandant, s'est dirigée à l'est, puis au sud, où elle a suivi alors deux lignes après avoir décrit une grande courbe, une des lignes remonta au nord, une se dirigea au sud-ouest.

St.-Julien, au nord de Commercy, à une lieue de cette ville, a eu la rougeole du 10 Août au commencement de Septembre.

La maladie franchit le village de Girauvoisin, sans y atteindre personne.

Frémeréville, à une lieue sud-est de St.-Julien, en a été pris depuis le commencement de Septembre jusqu'à la mi-Octobre.

Broussey-en-Wœvre, au nord-est de cette dernière commune, et à une lieue de distance, en souffrit du commencement d'Octobre à la fin de Novembre.

Gironville, au sud-ouest et à demi-lieue de ce village, a été attaqué depuis le 1.er Décembre jusqu'au 1.er février.

Au lieu d'atteindre d'abord Jouys, la rougeole laissa alors ce village intact.

Elle se manifesta plus loin, à Corniéville, à une demi-lieue sud de Gironville, le 1.er Décembre; elle y cessa à la fin de Janvier.

Jouys, à son tour, en a éprouvé les atteintes le 15 Décembre, jusqu'à la fin de Février.

Aulnois-les-Vertuzey, au sud-ouest et à demi-lieue de Corniéville, a la rougeole du 15 Décembre au commencement de Février.

Ici l'épidémie se propage dans deux directions :

1.° Elle remonte au nord, vers son point de départ, dans l'une de ses directions.

Euville, à une demi-lieue et au nord-ouest d'Aulnois, a des malades de rougeole du 1.er Janvier au 15 Février.

Vignot, à demi-lieue et au nord de ce village, est atteint depuis le 10 Janvier jusqu'à la fin de Février.

Enfin, on voit à Girauvoisin, au nord-est de Vignot, quelques rougeoles le 15 Février. Ce village est voisin du point de départ de la maladie, il avait d'abord été épargné.

2.° En même tems que l'épidémie se dirigeait ainsi

au nord, en partant d'Aulnois, elle marchait également au sud-ouest.

Vertuzey, au sud-ouest d'Aulnois, et à un quart de lieue de ce village, en est frappé depuis la fin de Décembre jusqu'au commencement de Février.

Ville-Issey, au sud-ouest et à une demi-lieue de Vertuzey, est atteint du 1.er Janvier au 1.er Février.

En même tems, St.-Martin, qui est au sud et à une demi-lieue de Vertuzey, est pris. La maladie y dura également du 1.er Janvier au 1.er Février.

Sorcy, qui touche à St.-Martin, n'a eu que quelques malades pendant que ce dernier village était attaqué.

Enfin, Laneuville-au-Rupt, au sud-ouest des communes précédentes, et à une lieue d'elles, est envahi par l'épidémie le 15 Janvier; elle y cessa le 1.er Mars, pour ne plus se propager au-delà.

Le second point de départ de l'épidémie, eut lieu à Commercy. Il est probable que la rougeole s'y déclara spontanément, sans éprouver l'influence de l'épidémie d'une commune voisine; car, à l'époque de son invasion dans cette ville, elle n'existait qu'à Broussey-en-Wœvre, à deux lieues et demie nord-est, et il y a, entre ce village et la ville, 2 communes qui n'éprouvèrent que plus tard les ravages de la maladie. Quoiqu'il en soit, l'épidémie a régné dans Commercy, depuis le 20 Novembre jusqu'au commencement de Janvier.

Chonville, sud-ouest de la ville et à une lieue de distance, est pris du 15 Décembre au 1.er Février.

St.-Aubin, sud-ouest de Chonville, à une lieue de cette commune, est atteint du 1.er Janvier au 10 Mars.

Domremy, nord-ouest et très-voisin de St.-Aubin, enfin, a vu finir l'épidémie partie de Commercy. Elle y régna le 10 Mars; elle durait encore à la fin de ce mois.

Le troisième foyer d'où émana la rougeole, s'est développé à Mécrin, le 25 Décembre. Alors, la rougeole existait à Commercy. Il est peu à croire que l'épidémie de la ville ait pu se propager jusqu'à Mécrin; car, entre les deux communes, Lérouville, Vadonville, Pont, Boncourt, villages intermédiaires, n'ont pas eu de malades, ou n'ont été atteints que très-tard. De quelque manière que se soit produite la rougeole à Mécrin, elle y exista jusqu'au 25 Mars.

Sampigny, au sud-ouest et à un quart de lieue de Mécrin, n'a eu que 3 à 4 malades pendant le règne de la rougeole dans cette dernière commune.

On la vit se développer ensuite, à Malaumont, le 15 janvier; elle y cessa en Mars. Ce village est au sud-ouest de Mécrin et à une lieue de ce village.

Grimaucourt, au nord-ouest et à une demi-lieue de Malaumont, en souffrit depuis le 25 Janvier jusqu'au 15 mars.

A Cousances, une demi-lieue et nord-ouest de Grimaucourt, elle parut le 1.er Février et disparut à la fin de Mars.

Pont, au sud et à une demi-lieue de Mécrin, pendant que l'épidémie régnait encore dans ce village, en est attaqué du 25 Février au 20 Mars.

A quelles causes attribuer la rougeole épidémique que nous avons éprouvée?

Qui a déterminé la formation de ses foyers ou points de départ?

Quelles furent les lois de sa propagation?

Ce sont là des questions insolubles. Les vents, ni aucune circonstance atmosphérique, n'ont influé sur la direction, la marche etc. de notre épidémie.

Quant à la contagion, si l'on a cru en voir des exemples, je regarde les faits sur lesquels on s'est fondé comme insuffisans. Ainsi, on a amené à Ville-Issey un jeune homme de Commercy; il présentait, avant son entrée dans le village, les prodromes de la rougeole, il en est atteint aussitôt son arrivée; puis, quelques jours après, l'épidémie éclate dans divers points de la commune. Mais, n'est-ce pas là une circonstance due au hasard? Qui prouve que la présence du malade a déterminé l'invasion de l'épidémie? Il aurait fallu à ce malade une bien grande atmosphère de miasmes, pour infecter à la fois tout le village. Pendant que l'épidémie existait à Corniéville et à Gironville, et que Jouys n'en était pas encore atteint, malgré les fréquentes communications des habitans des trois communes, personne à Jouys ne l'a contractée. Bien mieux, un enfant de Gironville ayant la rougeole, a été soigné au commencement de Décembre à Jouys, et l'épidémie ne s'y est manifestée que le 15, et loin de la maison que l'enfant habitait, etc., etc.

La mortalité produite par cette maladie a été assez considérable. Les enfans ont surtout succombé; mais si elle a fait périr peu d'adultes, c'est que peu d'adultes aussi en furent affectés. Voici le tableau des décès par communes, dans l'ordre de l'exposition précédente de la marche de la maladie.

	Communes.	Intensité de l'affection.	Nombre des individus atteints.	Morts.
1.°	St.-Julien.	légère.	quelques enfans.	0.
	Frémeréville.	forte.	beaucoup.	9.
	Broussey.	*id.*	*id.*	12.
	Gironville.	*id.*	*id.*	12.
	Corniéville.	légère.	*id.*	1.
	Jouys.	*id.*	*id.*	2.
	Aulnois.	*id.*	peu.	1.
	Euville.	*id.*	*id.*	0.
	Vignot.	forte.	beaucoup.	8.
	Girauvoisin.	*id.*	4 à 5.	1.
	Vertuzey.	légère.	beaucoup.	0.
	Ville-Issey.	forte.	*id.*	5.
	St.-Martin.	*id.*	*id.*	1.

	Sorcy.	légère.	quelques-uns.	0.
	Laneuville.	forte.	beaucoup.	7.
2.°	Commercy.	*id.*	*id.*	31.
	Chonville.	*id.*	*id.*	7.
	St.-Aubin.	*id.*	*id.*	6.
	Domremy.	légère.	*id.*	0.
3.°	Méerin.	forte.	*id.*	5.
	Malaumont.	*id.*	*id.*	1.
	Grimaucourt.	*id.*	*id.*	1.
	Cousances.	*id.*	*id.*	4.
	Pont.	faible.	*id.*	2.
			TOTAL.......	116.

5.° GRIPPE.

« On a donné ce nom aux affections catharrales de la membrane muqueuse qui tapisse les voies aériennes et les fosses nasales, lorsqu'elles règnent d'une manière épidémique. Ces mêmes épidemies ont aussi reçu les noms de *follette*, *coquette*, *grenade générale*; mais le mot *grippe*, plus généralement employé, paraît actuellement tout-à-fait consacré par l'usage, et a passé, en conséquence, du langage vulgaire dans la langue médicale.

» Quand on examine avec soin les descriptions des épidémies désignées par le mot vulgaire de grippe, on voit que ce sont des épidémies de fièvre catarrhale plutôt que de simples affections catarrhales. Ainsi, on doit donc entendre, par là, une fièvre catarrhale épidémique qui a sa nature propre et son caractère particulier ; elle offre néanmoins des différences remarquables suivant les années où elle s'est manifestée, les pays qu'elle a envahis, l'âge, la constitution des malades, et les circonstances au milieu desquelles ils se trouvent placés.

» La cause de ces épidémies a presque toujours eu sa source dans les vicissitudes de froid et de chaud qui ont été fréquentes et rapides durant le cours de l'année. Quelquefois aussi, un brouillard épais contenant des parties acres, irritantes, paraît avoir suffi seul pour les produire. Dans ce dernier cas, on a observé que l'affection catarrhale fixait plus particulièrement son siège sur la gorge, les fosses nasales, les sinus frontaux, les yeux, c'est-à-dire, sur les parties avec lesquelles l'air se trouve dans un contact plus immédiat. » (*Article* Grippe *du Diction. des Sciences médicales*).

La grippe, pour résumer cet exposé, est une phlegmasie de la membrane muqueuse, nasale, gutturale, laryngée et bronchique, avec prédominance de l'irritation sur l'une ou l'autre de ces divisions de la membrane ; elle est occasionnée par les alternatives de froid et de chaud très-répétées. Ce sont bien là le siège, la nature et la cause de l'affection épidémique que nous avons vue régner dans notre pays depuis le 1.er Décembre jusqu'à la fin de Mars.

Elle ne parut pas à la même époque dans toutes les localités, elle s'y montra avec une intensité variée, et elle y présenta des différences. Elle sévit moins dans les communes dont les maisons bien construites mettent leurs habitans à l'abri des intempéries, et dans les lieux peu élevés. On la vit à Nonsard à dater du 1.er Décembre; on l'observa à Malaumont en Janvier et en Février; elle se manifesta à Lavallée avec violence, en Janvier; à Willeroncourt, elle ne parut qu'en Mars; à Ville-Issey, ce fut en Février; Commercy, Sorcy....., en souffrirent peu, etc. On la désignait communément sous les noms de *gros rhume* ou de *grippe*.

Son invasion était marquée par des frissons dans le dos, avec sentiment général de froid, douleur de tête vis-à-vis les sinus frontaux, fièvre plus ou moins prononcée Bientôt survenait de la toux comme convulsive qui, à chaque accès, donnait une secousse si forte, que la tête déjà douloureuse semblait se fendre. La toux d'abord sèche, pénible, avec opression, devenait ensuite humide, avec crachats muqueux, puriformes. Alors, apparaissaient souvent un ou plusieurs points ayant le caractère pleurodynique, ou des douleurs au cou, aux lombes, sous les fausses côtes. De l'éternuement se manifestait, avec écoulement séro-muqueux du nez, mal de gorge plus ou moins grand, quelquefois enrouement ou voix éteinte. La langue était d'ordinaire blanche, un peu rouge à sa pointe, l'appétit diminué ou perdu, la soif vive, les forces tombées, le pouls fréquent, la peau chaude.

Beaucoup de malades ont été alités de 10 jours à un mois et même six semaines. Le mal devint quelquefois si violent qu'il en résulta des péripneumonies mortelles, rarement néanmoins; aussi l'épidémie ne causa pas de ravages. Les personnes atteintes ne voyant dans leur affection qu'un gros rhume, selon leur expression, n'appelèrent de médecins que dans des cas particuliers.

Le traitement adoucissant et tous les moyens mis en usage contre les affections aiguës de la poitrine, ont complettement réussi. Je me dispenserai d'exposer plus au long les diverses circonstances peu importantes qu'a présentées l'épidémie, parce qu'elles n'offrent rien d'utile à connaître. Je n'ai même placé ici une courte relation de cette épidémie, que pour en noter l'apparition parmi nous, et pour rappeler, en terminant ces lignes, l'observation faite par M. le docteur Broussais, que la grippe a presque constamment précédé l'invasion du cholera-morbus, dans les pays où ce mal asiatique s'est propagé.

6.° CONCLUSION.

L'étude des causes et de la nature des épidémies qui ont régné dans notre pays, pendant les huit mois qui viennent de s'écouler, prouve que l'état atmosphérique particulier à l'année, a seul occasionné la *grippe*, que le concours de cet état et de foyers d'infection a déterminé la *dysenterie*, et que ce même état, uni à diverses circonstances particulières, débordemens de la Meuse, mauvaise nourriture etc., a produit la *diarrhée*. Quant à la rougeole, on ne peut en rattacher l'origine à aucune condition quelconque appréciable; mais il a été facile de reconnaître que la constitution aérienne, bien que ne l'ayant pas déterminée, a eu la plus grande influence sur ses ravages et a spécialement contribué à la rendre meurtrière.

On doit induire de ces données qu'il n'est pas au pouvoir de l'Administration, et qu'il ne dépend pas non plus des particuliers, de s'opposer au retour de la grippe, de la diarrhée et de la rougeole épidémiques, puisque leurs causes ne sont pas de celles que l'homme peut atteindre et modifier; mais que des soins convenablement dirigés peuvent, lorsque ces maladies se manifestent, les rendre peu malfaisantes, en recourant de bonne heure à des mesures sanitaires faciles à exécuter. On doit induire aussi des mêmes données, que l'on pourra aisément prévenir l'invasion d'une nouvelle épidémie dysentérique, en détruisant les foyers putrides dont les miasmes devinrent la source de cette épidémie.

Comme primitivement ou secondairement les causes épidémiques ont porté leur action sur le canal alimentaire, et que, dans des circonstances semblables, il est resté dans ce canal des traces d'irritation ou une tendance à l'irritation durant un tems très-prolongé, il est présumable que les organes digestifs de la masse presqu'entière de notre population sont aujourd'hui dans un état prochain d'inflammation ou dans une grande disposition à contracter ce mode morbide, circonstance importante à signaler en ce moment que le cholera nous menace.

Je conclus de là que l'autorité doit immédiatement veiller à ce que toutes les causes d'infection soient scrupuleusement recherchées et détruites, soit les foyers généraux, soit les foyers spéciaux, et, pour ceux-ci, qu'il faut instruire les particuliers des moyens propres à les étouffer.

Ces mesures administratives d'hygiène publique et privée, sont d'autant plus essentielles à prendre de bonne heure que le cholera affecte plus spécialement les organes digestifs. Ce serait, en négligeant des précautions faciles à employer, donner à ce fléau plus de prise sur notre population, augmenter son intensité et diminuer l'effet des moyens médicaux propres à le combattre.

Bien que déjà depuis plusieurs mois, M. le Sous-Préfet, dont la sollicitude pour l'Arrondissement est extrême, et la Commission sanitaire, qui a tâché constamment de seconder l'Administration, ayent publié un grand nombre de pièces sur l'hygiène publique, comme les mesures qu'ils ont prescrites ne concernent que les habitans considérés en masse, je crois qu'il serait utile, dès avant l'invasion du cholera en France, que chaque habitant de notre pays sut ce qu'il convient de faire tant pour l'entretien de sa santé que pour rétablir ses fonctions digestives, si elles ont été affaiblies par l'une des maladies épidémiques. Je vais donner un précis du régime qui me parait être indiqué dans l'une et l'autre circonstance. Il serait peut-être bien qu'une Commission nommée *ad hoc* s'occupât de rédiger en détail ces règles d'hygiène privée, qu'on les imprimât dans un format commode, et qu'on les répandît avec profusion dans le public, avec le titre d'*Instructions populaires sur la santé.*

1.° *Alimens solides.* — Il faut rejetter autant que possible les viandes salées, jambon, saucisson, lard, harengs, morue, les fromages de haut goût, les préparations culinaires d'une saveur forte. Les personnes délicates, sujettes aux coliques, aux digestions lentes, aux pesanteurs d'estomac, doivent ne pas faire usage de viandes noires, de ragoûts, de mets composés, de pâtes, etc. Les viandes fraîches et légères, la volaille, le poisson, les potages gras et maigres, les fromages frais, les légumes frais ou secs, mais ces derniers en purée, le laitage, les œufs, excepté les durs, les fruits cuits et confits, feront la base des repas. Le maigre seul, ou le gras uniquement ne peut convenir; il faut combiner ensemble ces deux classes d'alimens. Les oignons, ails, échalottes, choux, ne seront employés que comme condiments. On épicera peu; les assaisonnemens étant d'ordinaire une cause fréquente d'irritation des organes gastro-intestinaux. Que tout mets soit bien cuit et les viandes plutôt bouillies et rôties que converties en ragoûts ou couvertes de sauces grasses, épaisses, piquantes; on évitera l'abus des acides et des crudités. Il faudra ne faire usage que de pain bien levé et bien cuit. Tout aliment qui répugne au goût ou qui pèse étant dans l'estomac, ne convient pas à la personne qui en fait usage; ainsi, quand même il serait reconnu très-salubre, on le rejettera.

2.° *Boissons.* — L'eau rougie, l'eau seule même, sont les meilleurs boissons pour les personnes qui ne se livrent pas à de forts travaux de corps. Les ouvriers feront bien de boire moins de vin pur que d'habitude et d'être sobres. La bierre dérange l'estomac quand l'on en abuse. L'eau-de-vie et les liqueurs seront prises en petite quantité par les personnes qui y sont accoutumées; il en sera de même du café. On boira à une température moyenne. Les repas trop copieux, pris à heure indéterminée, ainsi que les excès de boissons, devront être rigoureusement proscrits. A la moindre difficulté de digérer, on retranchera moitié des alimens.

3.° *Air.* — On renouvellera plusieurs fois le jour l'air des chambres; du feu à la cheminée, même en été, aidera ce renouvellement. On maintiendra dans l'appartement une température égale, et l'on empêchera l'humidité d'y pénétrer. Il faudra en éloigner tout ce qui peut exhaler une odeur malfaisante, en blanchissant les murs sales avec de l'eau de chaux à laquelle on ajoute un peu de chlorure de cette même terre, en n'y laissant point séjourner d'eaux ménagères, de pots de nuit avec de l'urine, etc. On videra les latrines remplies. On tiendra mondées, tous les jours, les écuries et les loges où l'on place les porcs, etc. On habitera un étage élevé, exposé à l'est ou au sud-est, ouvert sur un jardin ou sur une rue sans cloaques, fumiers et autres immondices, évitant aussi des rassemblemens de beaucoup de monde dans les pièces peu spacieuses. On fera bien d'exposer, de tems en tems, dans les chambres mal-saines, dans les écuries, lieux d'aisances, etc., une assiette dans laquelle on met gros comme une petite noix de chlorure de chaux délayé dans un peu d'eau. Les personnes qui exercent des professions insalubres, les bouchers, tanneurs, corroyeurs, boyaudiers, chandeliers, etc., surtout, devront mettre en pratique ce moyen de purifier l'air.

4.° *Vêtemens.* — L'usage d'un linge propre et fréquemment renouvellé, est des plus essentiels. Il faut que les habits et les effets de lits puissent maintenir le corps dans une douce température, et excitent la transpiration insensible d'une manière égale. La laine sur la peau est de rigueur pour les personnes délicates. La chaussure exige beaucoup d'attention ; il ne faut jamais marcher nu-pieds.

5.° *Sommeil et veille.* — Le sommeil doit être proportionné dans sa durée au travail de la veille, il peut se prolonger pendant 5 à 8 heures. Il faut plutôt se lever matin que se coucher tard.

6.° *Exercice.* — On menera une vie plutot active que sédentaire, et l'on fera, si la profession oblige à garder la chambre, une promenade quotidienne en plein air et hors des lieux habités. Point de fatigues excessives. Il convient, si on le peut, de ne pas sortir pendant les tems de brouillards épais et de grandes pluies. Si l'on est délicat, on quittera la maison peu matin, et l'on y rentrera au coucher du soleil.

7.° *Excrétions.* — Point de santé si les excrétions diverses du corps se font irrégulièrement, en trop grande ou en trop petite quantité. On va ordinairement du ventre tous les jours ou chaque deux jours; si les selles viennent à des intervalles plus éloignés, il faut les solliciter avec des lavemens. On doit se laver fréquemment les mains, les pieds et le visage. Des bains sont très-utiles pour maintenir les fonctions secrétoires de la peau. Des frictions sèches secondent très-bien l'action des bains, faites les jours où l'on ne prend pas ceux-ci.

8.° *Facultés de l'âme.* — La distraction, la modération dans les passions, la contention d'esprit peu prolongée, sont des conditions essentielles à la santé.

Dès que la santé se dérange d'une manière quelconque, loin de boire du vin chaud ou de prendre des drogues dont on ignore les effets, on se privera d'une partie des alimens habituels ou de leur totalité, selon la violence du mal, et l'on se mettra simplement à l'eau sucrée, avant l'arrivée du médecin. Si l'on éprouve des coliques fréquentes, ou des envies de vomir, ou des vomissemens ou du dévoiement, indispositions très-communes depuis nos épidémies, on fera avec avantage usage de bains entiers, on se mettra au régime végétal et aux boissons adoucissantes. Si le mal persiste, et que l'on n'ait pas de médecin dans le voisinage, on appliquera des sangsues au fondement, de 8 à 15, ou au creux de l'estomac, selon le siége de la douleur. Les lavemens sont alors utiles, qu'il y ait cours du ventre ou non. On évitera comme dangereux les vomitifs, les purgatifs, les médicamens irritans, enfin les recettes de drogues actives que prônent les charlatans ou que vantent les médicastres.

Cette esquisse d'*instruction populaire* est sans doute fort imparfaite; l'autorité jugera, d'après le plan que j'ai tracé, de son degré d'utilité; elle décidera si, en la modifiant, l'étendant et la propageant dans nos communes, les règles hygiéniques de facile exécution qu'elle renferme, pourraient, comme je le crois, contribuer à l'amélioration de la santé publique, en ce moment si menacée.

FIN.

TABLE DES MATIÈRES.